F. SCHRADER
Ancien du service météorologique
de l'Observatoire et

L. GALLOUÉDEC
Inspecteur général
de l'Instruction publique

TEXTE-ATLAS

DE

GÉOGRAPHIE

RÉDIGÉ CONFORMÉMENT AUX PROGRAMMES OFFICIELS
A L'USAGE DES CLASSES ÉLÉMENTAIRES

CLASSE DE HUITIÈME
NOTIONS ÉLÉMENTAIRES DE GÉOGRAPHIE GÉNÉRALE

OUVRAGE CONTENANT 14 CARTES EN COULEURS ET 85 CARTES ET GRAVURES EN NOIR

CINQUIÈME ÉDITION

PARIS
LIBRAIRIE HACHETTE ET Cie
79, BOULEVARD SAINT-GERMAIN, 79

1917

Prix : 1 fr. 60

AVERTISSEMENT

Ce cours a été rédigé entièrement d'après les indications et dans l'esprit du programme des *Classes élémentaires* des Lycées et Collèges.

L'enseignement de la géographie a un double but : apprendre des notions précises et contribuer à former l'esprit. On s'est attaché à réaliser ce double but, en rapport avec l'âge des enfants.

Chaque leçon comprend :

1° *En gros caractères*, les notions qu'il est indispensable de savoir ;

2° *En caractères plus petits*, des lectures explicatives ou raisonnées auxquelles s'ajoutent des *questionnaires*, exercices de mémoire pour servir de contrôle, exercices d'observation et d'intelligence propres à exercer l'esprit d'observation et de réflexion ;

3° Des *cartes* très simples ne comportant que les noms du texte ;

4° Des *illustrations* très nombreuses et très exactes, chacune avec une légende explicative.

Des revisions partielles ou générales, dont nous croyons que l'enseignement doit retirer grand profit, ont été introduites pour obliger l'enfant à se rappeler ce qui est important, et pour l'habituer en même temps à regarder, à observer, à retenir les aspects et les formes.

NOTIONS ÉLÉMENTAIRES
DE
GÉOGRAPHIE GÉNÉRALE

(CLASSE DE HUITIÈME)

FIG. 1 A 5. — LES DIVERS ASPECTS DE LA TERRE.
1. Une plaine du Berri. — 2. La côte bretonne près de Saint-Malo.
— 3. Dunes du Sahara. — 4. La vallée du Loing, près de Montargis. 5. Le Mont Blanc.

La Plaine (photo Lefèvre). La Mer (collect. Germain fils, à St-Malo. Pays humide (photo Bégault, à Montargis).

I. OBJET DE LA GÉOGRAPHIE

1. Définition. — La géographie est la description de la Terre.

2. Objet de la Géographie. — La géographie dépeint la surface de la terre, c'est-à-dire ses montagnes et ses plaines, ses cours d'eau, ses côtes et ses mers, ses climats.

Elle nous fait connaître aussi quelles sont les diverses contrées de la terre, les hommes qui les habitent, les villes importantes de ces contrées, et les ressources (plantes, animaux) que l'homme trouve dans chacune d'elles.

3. Lecture : Qu'est-ce que la Géographie ? — La géographie décrit la Terre et ses diverses parties. Ces parties sont très dissemblables.

Les unes sont couvertes de grosses masses de terre, de pierres et de neige qu'on nomme *montagnes* (fig. 5), les autres sont au contraire unies et plates : ce sont les *plaines* (fig. 1). Les unes sont humides (fig. 4) et, par suite, couvertes d'arbres, de cultures. D'autres régions sont complètement desséchées, et sont nues, désertes, stériles (fig. 3).

Les hommes qui peuplent la terre sont aussi très dissemblables. Leur peau est blanche, jaune, noire. Les langues qu'ils parlent, leurs mœurs, leurs usages ne diffèrent pas moins. Les sauvages des pays chauds vivent nus ; les habitants des régions polaires se couvrent d'épaisses fourrures.

C'est la géographie qui fait connaître ces différences.

Exercices.

Questionnaire. — 1. Qu'est-ce que la géographie ? — 2-3. Qu'est-ce que la géographie nous fait connaître ?

Exercices d'intelligence. — *Dans les gravures de cette page où y a-t-il un paysage sec, un paysage humide ? Dans lequel des deux y a-t-il la plus belle végétation ? Trouve-t-on des arbres sur les hautes montagnes ? Avez-vous vu des montagnes ? Où ? Des plaines ? Où ?*

1

OCÉAN GLACIAL ARCTIQUE

OCÉAN ATLANTIQUE
OCÉAN PACIFIQUE
PÔLE NORD
OCÉAN GLACIAL ARCTIQUE

OCÉAN GLACIAL ANTARCTIQUE

OCÉAN ATLANTIQUE
AFRIQUE
OCÉAN INDIEN
OCÉAN GLACIAL
PÔLE SUD
ANTARCTIQUE
OCÉAN PACIFIQUE

OCÉAN INDIEN

OCÉAN
OCÉAN
INDIEN
GLACIAL
PÔLE SUD

OCÉAN ATLANTIQUE

OCÉAN ATLANTIQUE
OCÉAN GLACIAL

OCÉAN PACIFIQUE

AMÉRIQUE
OCÉAN
PACIFIQUE
OCÉAN
OCÉAN ANTARCTIQUE

FIG. 2. — LES CINQ OCÉANS SUR LA SPHÈRE TERRESTRE

Les cinq océans sont : l'*océan Glacial Arctique*, presque partout limité par des terres et ne couvrant assez largement que la mer qui se voit l'océan Atlantique, entre le Groenland et l'Europe; — l'*océan Glacial Antarctique*, qui communique librement et largement avec les trois autres océans; — l'*océan Indien*, large fossé entre l'Afrique, l'Asie et l'Océanie; — l'*océan Atlantique*, allongé entre l'Amérique, d'une part, l'Europe et l'Afrique d'autre part; — l'*océan Pacifique* immense mer circulaire qui couvre plus d'un tiers du globe, entre l'Océanie, l'Asie et l'Amérique.

4. Définitions. — Les mers et océans forment une masse d'eau ininterrompue qui couvre les trois quarts de la surface du globe, et de laquelle les continents surgissent comme des îles.

Ces masses sont tantôt larges, tantôt resserrées entre les continents : on nomme *océans* les parties larges, et *mers* les parties resserrées.

Les eaux des mers et des océans sont salées. La surface des mers et des océans est agitée par les vents, par les marées, et par les courants, qui les traversent.

On nomme *côte*, *rivage* ou *littoral* la partie d'un pays qui est baignée par la mer.

5. Les Océans. — On distingue cinq océans sur le globe :

1° L'océan *Glacial Arctique*, près du pôle nord ; il est presque toujours couvert de blocs de glace qu'on appelle banquises ;

2° L'océan *Glacial Antarctique*, près du pôle sud, et également presque toujours glacé ;

3° L'océan *Indien*, compris entre l'Afrique, l'Asie et l'Océanie ;

4° L'océan *Atlantique*, situé entre l'Amérique, l'Europe et l'Afrique ; il est traversé par un courant d'eau chaude, le Gulf-Stream ou courant du Golfe, qui se forme dans le golfe du Mexique et baigne l'Europe occidentale ; il forme la mer Méditerranée, entre l'Europe et l'Afrique ;

5° L'océan *Pacifique*, situé entre l'Océanie, l'Asie et l'Amérique ; il couvre un tiers de la surface du globe ; on l'appelle *Pacifique* parce que les tempêtes y sont plus rares que dans les autres océans.

6. 1ʳᵉ LECTURE : **Les Vagues.** — Quand le temps est très calme, la surface de la mer est unie comme celle d'un lac ou d'un miroir. C'est là un état exceptionnel.

Presque toujours les eaux de la mer sont agitées : tantôt leur surface est sillonnée de rides légères ; tantôt elle est sillonnée par de gros bourrelets en forme de crêtes écumeuses qui se jettent avec fracas sur le continent. Ces rides, ces bourrelets, ce sont les vagues.

Les vagues sont le résultat des tempêtes, des vents et des marées. Les jours de tempête, elles sont énormes et atteignent jusqu'à 10 mètres et plus de hauteur ; leur force est considérable ; elles se brisent en formant de grandes gerbes d'écume.

Quand les vagues sont petites, les bateaux voguent doucement sur la mer. Quand elles sont très grosses, les bateaux sont très agités ; la navigation devient difficile et même périlleuse.

7. 2ᵉ LECTURE : **Les marées.** — Sur les côtes des océans, il y a deux marées par vingt-quatre heures.

FIG. 7-8. — LES DIFFÉRENTS ASPECTS DE LA MER.

1. Mer calme. — 2. Mer agitée.

L'aspect de la mer est très changeant. Parfois elle est calme, unie, presque comme un miroir. D'autres fois elle est agitée par la tempête ; elle forme alors de grosses vagues, et se brise contre les rochers de la côte en lançant des gerbes d'écume ; les bateaux qui se trouvent sur la mer en colère courent le danger d'être submergés par les eaux ; chaque année, les tempêtes causent ainsi de nombreux naufrages.

Deux fois par jour, la mer s'enfle lentement et s'avance vers le continent; elle envahit graduellement les baies et les parties les plus basses des îles et du continent : ce mouvement en avant s'appelle le *flux*. Chaque flux dure environ six heures. Deux fois par jour, de même, la mer

FIG. 9-10. — LE JEU DES MARÉES.

9. *Marée basse.*

La forme et l'aspect du rivage se modifient d'une manière très sensible, suivant la hauteur de la marée. La marée basse laisse à découvert de grandes étendues que la mer recouvre à marée haute. Comparez les deux figures ci-dessus qui montrent la même côte à marée basse et à marée haute. La pointe où s'élève la maison est, à marée basse, une presqu'île rattachée au continent par un petit isthme de sable. A marée haute, cette pointe est devenue une île : la mer a recouvert l'isthme de sable, et à la place de celui-ci s'étend un détroit. Il est facile de voir, en outre, qu'à marée haute l'île est beaucoup moins étendue qu'elle n'était à marée basse, parce que la mer en a recouvert le pied.

baisse et se retire, laissant à découvert une partie de l'étendue qu'elle avait recouverte à marée haute : ce mouvement en arrière s'appelle le *reflux*. Chaque reflux dure également environ six heures.

La forme et l'aspect du rivage se modifient d'une manière très sensible, suivant la hauteur de la marée. Beaucoup d'écueils et de rochers qu'on aperçoit à marée basse disparaissent sous les eaux à marée haute. A marée basse, les petits ports sont à sec et les bateaux des pêcheurs sont couchés sur le flanc; à marée haute, la mer rem-

10. *Marée haute.*

plit ces ports et fait flotter les bateaux qui se redressent.

Il n'y a pas de marée très apparente dans les mers fermées ou presque fermées, comme la Méditerranée.

8. 3ᵉ LECTURE : Les courants. — Les mers sont sillonnées par des courants qui viennent les uns de l'équateur, les autres des pôles, et se déplacent plus ou moins vite comme de véritables fleuves au milieu des flots. Ceux qui viennent de l'équateur sont plus chauds que la mer voisine; ceux qui viennent des pôles sont plus froids.

FIG. 11. — LE GULF STREAM.

Le Gulf Stream est un courant d'eau chaude qui part du golfe du Mexique, traverse tout l'océan Atlantique en biais du sud-ouest au nord-est, et baigne les côtes occidentales de l'Europe du nord-ouest qui lui doit son climat tiède.

Le plus connu des courants marins est le *Gulf-Stream*, ou Courant du Golfe, dans l'océan Atlantique. Il se forme dans le golfe du Mexique, traverse en biais tout l'océan, du sud-ouest au nord-est, et se fait sentir jusqu'en France, en Angleterre et en Norvège. On trouve, jusque dans les terres polaires situées au nord de l'Europe, des

FIG. 12. — PORT A MARÉE BASSE.

Dans les mers ouvertes, le niveau de la mer baisse et monte alternativement.

A marée basse, la mer se retire plus ou moins loin du rivage et laisse les bateaux des pêcheurs à sec; ceux-ci se couchent alors sur le flanc. A marée haute, la mer revient vers le rivage; elle remplit les baies et les ports, et fait flotter les bateaux qui se redressent.

FIG. 13. — PORT A MARÉE HAUTE.

débris de plantes tropicales amenés par le Gulf-Stream. Ce courant venant d'une région chaude, l'Europe occidentale lui doit des hivers relativement tièdes.

9. 4ᵉ Lecture : **Le fond des mers et la vie sous-marine**. — Le fond des mers est aussi accidenté et aussi varié que la surface des continents. Il comprend des plaines et des plateaux, des vallées et des montagnes.

Les *plantes* sous-marines sont surtout des algues, qui tapissent les rochers ou forment comme d'immenses prairies flottantes au milieu des grands océans. — Les *animaux* sous-marins sont innombrables. Certaines espèces sont énormes : on a mesuré une baleine qui avait 30 mètres de long, 20 mètres de tour, et pesait près de 200 000 kilogrammes, le poids d'une armée de trois mille hommes. Certaines espèces, harengs, sardines, morues, vivent en bandes ou bancs, comprenant des centaines de mille d'individus qui

FIG. 14-16. — DIFFÉRENTS TYPES DE CÔTES.
1. Falaises d'Étretat. — 2. Dunes de Berck. — 3. Plage de Saint-Sébastien.
Les côtes présentent des aspects très différents. Certaines sont bordées par des rochers découpés, ou par des murs nommés falaises (fig. 1); d'autres le sont par des collines de sable nommées dunes (fig. 2); d'autres encore par de vastes étendues plates de sable (fig. 3). Les côtes bordées de rochers sont, en général, les plus propres à l'établissement des ports et au développement de la vie maritime, parce que la mer y est plus profonde et que les abris contre les vents y sont plus nombreux.

voyagent serrés les uns contre les autres : d'un coup de filet, on en prend parfois plusieurs centaines.

La mer fournit à l'homme les poissons, les moules, les huîtres, des coquillages divers, et le sel indispensable à notre nourriture.

10. 5ᵉ Lecture : **Les côtes**. — On distingue trois types principaux de côtes : 1° les côtes formées par des murs de rochers à pic qu'on nomme *falaises* ; 2° d'autres

côtes bordées de collines de sable qu'on nomme *dunes* ; 3° d'autres encore qui sont basses et formées de vastes étendues plates de sable, qu'on nomme *grèves* ou *plages*.

Les côtes de rochers sont souvent aussi bordées d'îles, d'îlots et d'écueils dangereux ; mais elles encadrent généralement des abris pour les embarcations : ce sont les côtes les plus favorables à la vie maritime. Les dunes se déplacent souvent sous la poussée des vents : on les fixe en plantant des pins ou des joncs marins. Les plages de sable attirent les baigneurs.

Exercices.

Questionnaire. — 4. Quelle est l'étendue des océans par rapport au globe ? Qu'appelle-t-on océan ? mer ? Qu'appelle-t-on côte ? Quels autres noms donne-t-on aux côtes ? — 5. Quels sont les cinq grands océans ? Que savez-vous de l'océan Glacial Arctique ? de l'océan Atlantique ? de l'océan Pacifique ? 6. Quelle est l'apparence des vagues ? — 7. Qu'est-ce que le flux ? le reflux ? Raconter comment la marée monte et descend. Existe-t-il des mers où il n'y a point de marées ? — 8. Qu'est-ce que le courant ? D'où viennent les courants chauds ? les courants froids ? Que savez-vous du Gulf-Stream ? — 9. Comment est fait le fond de la mer ? Y a-t-il des plantes dans la mer ? des animaux ? Que savez-vous des animaux sous-marins ? — 10. Quels sont les principaux types de côtes ? Quelles sont les côtes qui conviennent le mieux à la vie maritime ?

Exercices d'intelligence. — Avez-vous vu une île ? Quel est le contraire d'une île ? — Qu'est-ce qu'une presqu'île ? Quel est le contraire d'une presqu'île ? — Qu'est-ce qu'un isthme ? Quel est le contraire d'un isthme ?

Avez-vous vu la mer ? Quel aspect a-t-elle quand le temps est calme ? Comment sont les vagues quand la mer est agitée par une tempête ? — Quel aspect avait la côte dans l'endroit où vous avez vu la mer ? Y avait-il des falaises ? des dunes ? Quel était l'aspect à marée basse ? à marée haute ? — Quels sont les aliments que la mer fournit à l'homme ?

EUROPE

ASIE

OCÉANIE

AFRIQUE

AMÉRIQUE

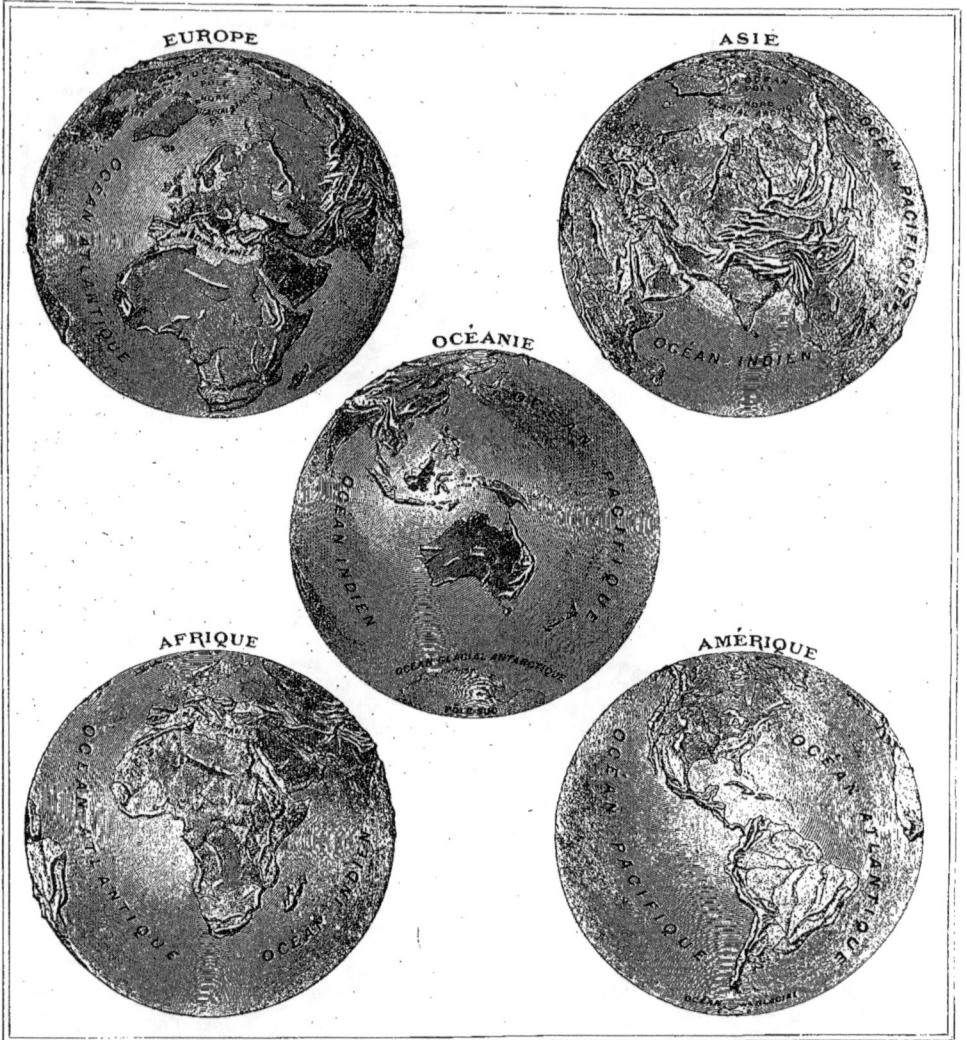

FIG. 17. — LES CINQ PARTIES DU MONDE SUR LE GLOBE TERRESTRE.

Les cinq parties du monde sont : l'*Europe*, petite, simple péninsule de l'Asie, mais toute découpée, avec beaucoup de mers intérieures et de péninsules ; — l'*Asie*, énorme, massive, avec des contours où la mer pénètre peu profondément, et avec une bordure d'archipels à l'est ; — l'*Océanie*, composée d'une grande île peu découpée, l'Australie, et d'îles plus petites situées dans l'océan Pacifique ; — l'*Afrique*, qui est très massive, n'a qu'un seul golfe largement ouvert et qu'une seule grande île ; — l'*Amérique*, formée de deux masses triangulaires, dont la pointe est tournée vers le sud, et que relie une suite d'isthmes.

11. Définitions. — Les terres forment, au milieu des océans, trois grandes masses principales que des mers divisent en masses secondaires. Les *continents* sont les masses principales. Les *parties du monde* sont les divisions des continents.

L'ensemble des continents occupe un quart seulement de la surface du globe.

12. Continents et parties du monde. — On distingue trois continents et cinq parties du monde.

Les trois continents sont : l'*Ancien Continent*, le *Nouveau Continent*, et le *Continent Austral*.

Les cinq parties du monde sont : l'*Europe*, l'*Asie*, l'*Afrique*, l'*Amérique* et l'*Océanie*.

13. Ancien Continent. — L'Ancien Continent, le plus anciennement connu des hommes dont nous descendons, est le plus étendu des trois continents. Il comprend trois parties du monde : l'Europe, au nord-ouest ; l'Asie, au nord-est ; l'Afrique, au sud-ouest.

L'*Europe* est la plus petite des cinq parties du monde. Elle est baignée par l'océan Glacial Arctique, l'océan Atlantique, la Méditerranée ; à l'est, elle touche largement à l'Asie. L'Europe est remarquable par ses contours très découpés.

L'*Asie* est la plus vaste des cinq parties du monde : elle est grande quatre fois comme l'Europe. Elle est baignée par l'océan Glacial Arctique, l'océan Pacifique, l'océan Indien. Elle est peu découpée sur ses bords.

L'*Afrique* est grande trois fois comme l'Europe. Elle est baignée par la Méditerranée, l'océan Atlantique et l'océan Indien. Elle n'est rattachée au reste de l'Ancien Continent que par l'isthme étroit de Suez.

14. Nouveau Continent. — Le Nouveau Continent, de découverte plus récente, ne comprend qu'une partie du monde, l'Amérique, qui est un peu plus petite que l'Asie.

L'*Amérique* comprend deux masses distinctes reliées seulement par une suite d'isthmes dont le plus connu est l'isthme de Panama. Ces deux masses distinctes sont l'Amérique du Nord et l'Amérique du Sud.

15. Continent Austral. — Le Continent Austral ne comprend qu'une partie du monde, l'Océanie, formée d'un très grand nombre de terres que baigne le Pacifique. L'une de ces terres, l'Australie, est très étendue ; d'autres sont grandes ; la plupart sont petites et même très petites.

L'*Océanie* est, dans l'ensemble, un peu plus étendue que l'Europe.

Exercices.

Questionnaire. — 11. Qu'appelle-t-on continents? parties du monde? Qu'elle portion du globe occupent les continents? — 12. Combien y a-t-il de continents? Quels sont-ils? Combien de parties du monde? Quelles sont-elles? — 13-15. Que savez-vous de l'Europe? de l'Asie? de l'Afrique? de l'Amérique? de l'Océanie? Quel est le plus étendu des continents? la plus vaste des parties du monde? la plus petite des parties du monde?

Exercices d'observation. — *Regardez les cartes de la page 6 : quelles sont les trois parties du monde que baigne la Méditerranée? De l'Europe et de l'Afrique, laquelle a les contours les plus découpés? Les golfes de l'Asie pénètrent-ils bien avant dans l'intérieur de cette partie du monde?*

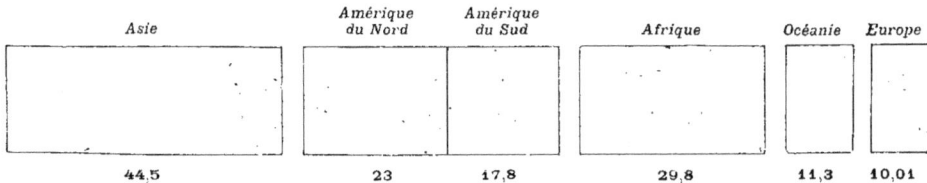

Asie	Amérique du Nord	Amérique du Sud	Afrique	Océanie	Europe
44,5	23	17,8	29,8	11,3	10,01

FIG. 18. — L'ÉTENDUE COMPARÉE DES CINQ PARTIES DU MONDE.

Les cinq parties du monde sont inégalement étendues. La plus petite est l'Europe; l'Océanie est un peu plus grande que l'Europe; l'Afrique est trois fois plus grande. L'Amérique quatre fois plus grande; l'Asie un peu plus de quatre fois plus grande. (Les chiffres marqués sous chaque partie du monde indiquent leur superficie en millions de kilomètres carrés.)

4. GRANDES CHAINES DE MONTAGNES

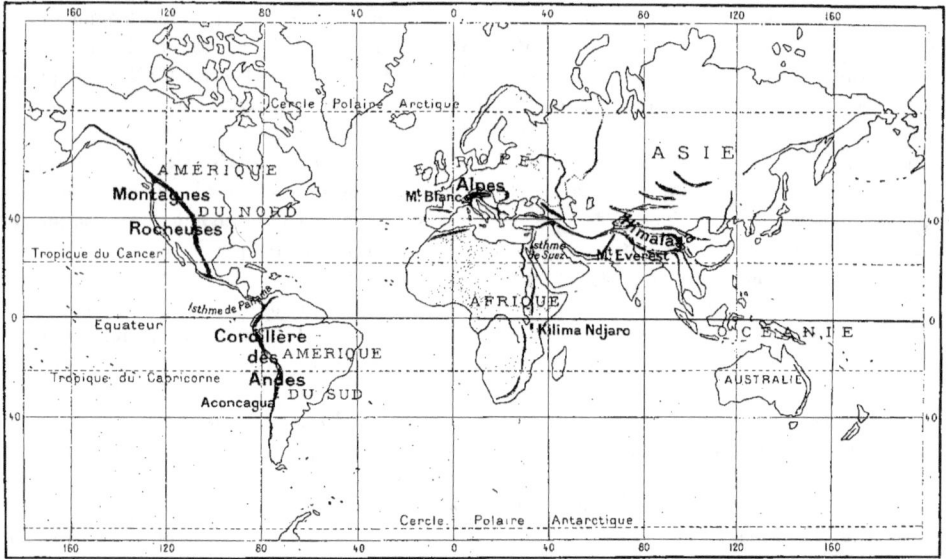

FIG. 19. — LES GRANDES MONTAGNES DU GLOBE.

Cette carte est un planisphère ; la terre y est représentée comme si elle était rectangulaire et non ronde. Le planisphère donne une figure bien moins exacte de la terre que les globes de la page 6, puisqu'il montre la terre aussi large aux pôles qu'à l'équateur, ce qui n'est pas. Mais il est plus facile à consulter.

16. Définitions. — Les *montagnes* sont de grands amas naturels de terres et de rochers :

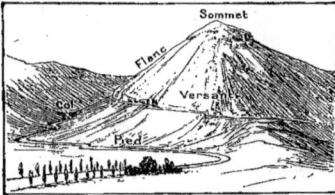

FIG. 20. — UNE MONTAGNE.

Les différentes parties d'une montagne ou d'une colline sont : en bas, le *pied* ; — sur les côtés, le *versant*, la *pente* ou le *flanc* ; — en haut, le *faîte*, la *cime*, le *sommet* ou la *crête*.

ce sont les parties de la terre qui montent. On nomme *colline* une petite montagne.

17. Une *chaîne de montagnes* est une suite de montagnes ; un *massif* est un ensemble de chaînes.

Un *col* est un abaissement de la montagne par lequel on peut passer d'un versant à l'autre.

18. Un *volcan* est une montagne qui parfois rejette des vapeurs ou des matières enflammées et liquides venues de l'intérieur du globe.

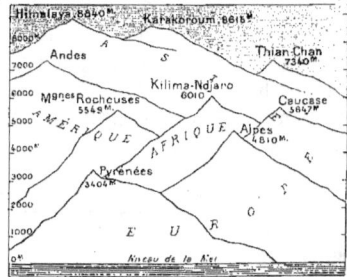

FIG. 21. — PRINCIPALES MONTAGNES DU GLOBE.

L'Asie est la partie du monde qui renferme les plus hautes montagnes (Himalaya, 8840 mètres). Ensuite viennent l'Amérique, l'Afrique. L'Europe a les montagnes les moins hautes (Mont-Blanc, 4810 mètres).

On nomme *laves* les matières fondues vomies par le volcan, et *cratère* l'ouverture par laquelle elles sortent.

19. Principales chaînes de montagnes du globe. — Les principales sont :

1° En Europe, les **Alpes**, dont le point le plus élevé est le *Mont-Blanc*, en France, haut de 4810 mètres au-dessus du niveau de la mer;

2° En Asie, l'**Himalaya**, qui a pour sommet principal le *pic Everest*, la plus haute montagne du globe : il dépasse 8800 mètres;

3° En Afrique, le mont *Kilima-Ndjaro*, dressé sur un plateau voisin de l'océan Indien;

4° En Amérique, les **Montagnes Rocheuses**, dans l'Amérique du Nord, et les **Andes**, dans l'Amérique du Sud, avec le mont *Aconcagua*.

20. 1re LECTURE : **L'ascension des hautes montagnes**. — Il est très difficile de s'élever jusqu'au sommet d'une très haute montagne. Les difficultés peuvent se résumer ainsi :

1° Les montagnes ont des pentes souvent très escarpées et dominant d'immenses abîmes. Pour les escalader, il faut avoir un jarret solide, être dur à la fatigue, avoir le pied sûr, n'être pas sujet au vertige. Le moindre faux pas peut être mortel. Les ascensionnistes en caravane s'attachent les uns aux autres par de longues cordes pour que, si l'un d'eux glisse, les autres fassent contrepoids et le retiennent.

2° A mesure qu'on s'élève, l'air devient plus rare. On respire difficilement, on éprouve des battements aux tempes, des faiblesses, un malaise général appelé le « mal des montagnes ».

3° En même temps que l'air devient plus rare, il devient plus froid; on traverse des nuages dont l'humidité transperce et glace. Dans les Alpes, à partir de 2700 mètres environ, on trouve des neiges qui ne fondent pas, même au plus fort de l'été. Le soleil est chaud, mais les nuits sont glacées. A partir de 4000 mètres, le froid est toujours très rigoureux; il se produit des tempêtes de neige qui voilent tous les objets.

4° Par suite de ce froid, les hauts sommets sont couverts de champs de neige qui parfois glissent

le long des pentes en *avalanches* : gare au voyageur surpris par ces chutes de neige, qui entraînent avec elles des rocs et des arbres et dévastent tout sur leur passage.

21. 2e LECTURE : **Montagnes et plaines**. — Les montagnes sont plus salubres et plus pittoresques que les plaines ; mais, dans les plaines, le climat est plus doux, la terre plus facile à travailler, les ressources agricoles plus nombreuses, la circulation plus facile.

C'est pour cela que les plaines sont généralement plus peuplées que les montagnes. La plupart des grandes villes sont situées dans les plaines.

Exercices.

Questionnaire. — 16-18. Qu'est-ce qu'une montagne, une colline, un coteau? Quelles sont les différentes parties d'une montagne? Qu'est-ce qu'un col? un volcan? un cratère? des laves? — 19. Quelles sont les principales chaînes de montagnes : en Europe? en Asie? en Afrique? en Amérique? Quelle est la plus haute montagne du globe? Où est-elle située?

Exercices d'intelligence. — *Avez-vous vu des montagnes? Qu'y a-t-il sur les sommets des hautes montagnes? Pourquoi y voit-on de la neige et des glaces? — Comment se fait l'ascension d'une montagne? — Les neiges des montagnes fondent-elles en partie? Quand? Que devient l'eau provenant de la fonte de ces neiges? — Pourquoi n'y a-t-il pas de cultures, pas d'arbres sur les hautes montagnes? Pourquoi les plaines sont-elles en général plus peuplées que les montagnes?*

(Photo Larousse et Arland.)

(Photo Julien.)

FIG. 22-24.
GRANDES MONTAGNES.

1. La Bernina, dans les Alpes Suisses. — 2. Un glacier. — 3. La vallée d'Évolène au milieu des Alpes de Suisse.

5. GRANDS COURS D'EAU

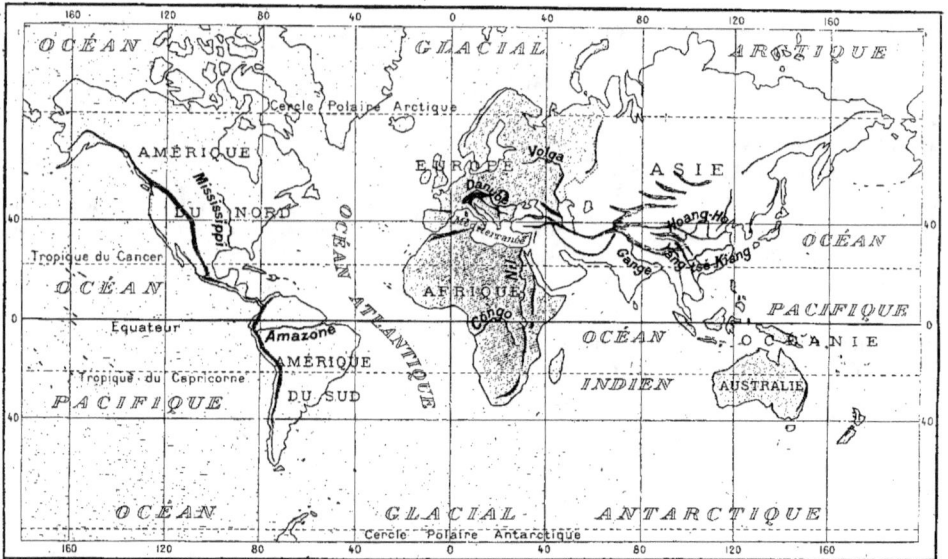

FIG. 25. — LES GRANDS FLEUVES DU GLOBE.

22. Définitions. — Un *fleuve* est un cours d'eau qui réunit les eaux de toute une région, appelée *bassin*, et les verse à la mer.

On nomme *affluents* les cours d'eau secondaires, rivières ou ruisseaux, qui se jettent dans un fleuve. On nomme *confluent* l'endroit où deux cours d'eau se réunissent.

23. Les différentes parties d'un cours d'eau sont : la *source*, ou commencement du cours d'eau ; le *lit*, ou sillon au fond duquel il coule ; l'*embouchure*, ou sa fin dans la mer.

Le cours d'eau vient de l'*amont*, ou côté de la montagne ; il va vers l'*aval*, ou côté de la vallée. Ses deux rives sont : la *rive droite*, située à droite quand on descend le fil de l'eau ; la *rive gauche*, située à gauche quand on descend le fil de l'eau.

24. L'embouchure d'un cours d'eau peut être formée par une ou plusieurs bouches. S'il n'y a qu'une bouche, elle s'appelle *estuaire* ; s'il y a plusieurs bouches, on nomme *delta* l'étendue de terres basses qu'elles entourent.

25. Longueur des fleuves. — Les cours

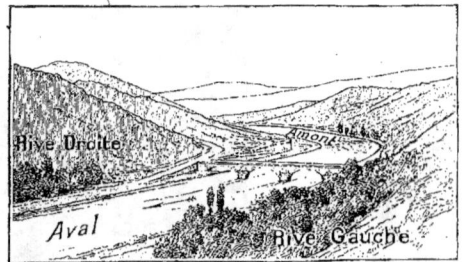

FIG. 26. — TERMES GÉOGRAPHIQUES RELATIFS AUX FLEUVES.

d'eau sont de longueur et d'importance inégales.

Le fleuve le plus long est le *Nil* qui coule en Afrique ; il a 6700 kilomètres de longueur.

Le second est l'*Amazone*, en Amérique, qui a 6000 kilomètres : il est moins long mais plus abondant que le Nil parce qu'il coule dans une région où il pleut beaucoup plus.

26. Principaux fleuves du globe. — Les principaux fleuves du globe sont :

1° En Europe, la *Volga* et le *Danube* ;

FIG. 27-30. — LES ASPECTS SUCCESSIFS D'UN FLEUVE.

Ces quatre vues résument l'histoire d'un fleuve. Elles représentent : 1° la source : le fleuve est formé par la réunion de ruisseaux provenant de la fonte des neiges ou alimentés par les pluies; 2° le cours supérieur, encombré de roches et de cascades ou de sauts; 3° le cours moyen, où le fleuve, devenu large et lent, porte des bateaux de pêcheurs et des chalands; 4° l'estuaire, où le fleuve, devenu très large et très profond, peut recevoir de grands bateaux.

2° En Asie, le *Yang-tsé-Kiang*, le *Hoang-Ho* et le *Gange* ;

3° En Afrique, le *Nil* et le *Congo* ;

4° En Amérique, le *Mississippi*, dans l'Amérique du Nord, et l'*Amazone*, dans l'Amérique du Sud.

27. Lecture : **Histoire d'un fleuve.** — Le fleuve le plus grand commence par être un petit cours d'eau formé par la réunion des ruisseaux de la montagne. Ces ruisseaux sont alimentés soit par la fonte des neiges et des glaces, soit par les pluies.

Dans la montagne, le fleuve est un torrent; son lit est étroit et encombré de rochers : son cours est très rapide, et souvent coupé par des sauts ou des cascades. Le torrent ne porte pas bateau.

Entré en plaine et grossi par des affluents, le fleuve n'a plus qu'une faible pente; son cours se ralentit. En même temps son lit devient plus large et plus profond. On voit maintenant sur ses eaux des bateaux et des barques de pêcheurs.

L'estuaire d'un grand fleuve ressemble à un golfe ou à un bras de mer. Sa largeur est telle que souvent d'une rive on n'aperçoit pas ou l'on n'aperçoit qu'à peine la rive d'en face. La mer y remonte deux fois par jour, au moment de la marée haute, et accroît sa profondeur, qui est pourtant déjà grande par elle-même. Le fleuve peut porter alors de grands bateaux de mer profonds de plusieurs mètres.

Exercices.

Questionnaire. — 22-24. Qu'est-ce qu'un fleuve? un bassin? un affluent? un confluent? Comment nomme-t-on les différentes parties d'un cours d'eau? Qu'est-ce que l'amont? l'aval? la rive droite? la rive gauche? Qu'est-ce qu'un estuaire? un delta? — 25-26. Quels sont les deux plus grands fleuves de la terre? Quels sont les principaux fleuves d'Europe? d'Asie? d'Afrique? d'Amérique?

Exercices d'intelligence. — *Avez-vous vu un ruisseau? A-t-il toujours autant d'eau? En a-t-il plus ou moins après qu'il a plu? Où va l'eau du ruisseau? — Pourquoi certains cours d'eau sont-ils plus rapides que les autres? — Avez-vous jeté une pierre dans la rivière? Qu'est-elle devenue? Pourquoi est-elle allée au fond? — Y avez-vous jeté de la terre? Qu'est-elle devenue? Pourquoi l'eau s'est-elle salie à l'endroit où vous avez jeté la terre? — Pourquoi le ruisseau a-t-il des eaux sales après qu'il a beaucoup plu? Où va la terre que le ruisseau arrache à ses rives? — Pourquoi les fleuves débordent-ils quelquefois?*

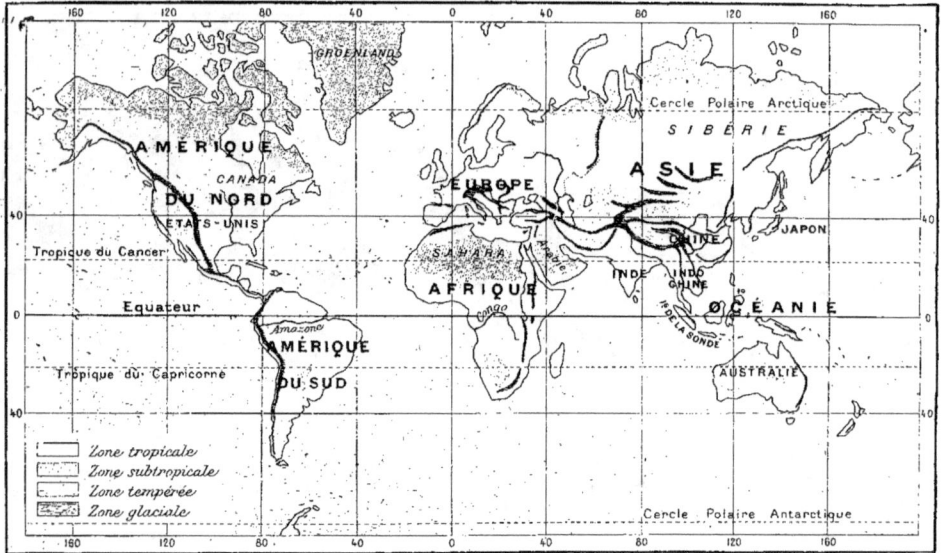

FIG. 31. — LES GRANDES RÉGIONS TERRESTRES.

28. Diversité des régions terrestres. — Les diverses régions terrestres présentent entre elles de grandes différences. Ces différences tiennent au climat, aux plantes et aux animaux.

1° Le *climat* est très variable. Il y a des pays chauds, il y a des pays froids, il y a des pays tempérés. La température s'abaisse de l'équateur vers les pôles ; elle diminue aussi à mesure qu'on s'élève de la plaine vers la montagne.

Il y a des pays où il pleut beaucoup ; il y en a où il pleut modérément ; il y en a où il ne pleut jamais. D'une manière générale, il pleut plus sur les montagnes que dans les plaines.

2° Les *plantes* d'un pays dépendent de sa température et de son humidité, parce que, pour vivre, elles ont besoin à la fois de chaleur et d'humidité en plus ou moins grande proportion.

Les unes aiment beaucoup la chaleur et l'humidité ; d'autres aiment la chaleur avec peu d'humidité ; d'autres aiment une chaleur et une humidité modérées.

3° Les *animaux* dépendent aussi du climat parce que, suivant leur espèce, ils ont besoin de plus ou moins de chaleur et d'humidité.

29. Grandes régions terrestres. — On distingue sur la terre quatre zones principales :

1° La *zone équatoriale*, à la fois très chaude et humide, couverte de forêts, d'arbres immenses, peuplée de grands animaux : bassin de l'Amazone en Amérique, bassin du Congo en Afrique, Inde, Indo-Chine, etc.

2° La *zone subtropicale*, à la fois très chaude et très sèche, couverte de déserts : Sahara, Arabie, centre de l'Australie.

3° La *zone tempérée*, moyennement chaude et moyennement humide, couverte de cultures, peuplée d'animaux domestiques : Europe, Chine, Japon, États-Unis.

4° La *zone glaciale*, aux abords des pôles, très froide, couverte de glaces, peuplée d'animaux marins ou à fourrure : nord de la Sibérie, du Canada, Groenland.

30. 1ʳᵉ LECTURE : **Pays humides et pays secs, pays chauds et pays froids.** — Les jours se suivent et ne se ressemblent pas. Hier il faisait beau ; ciel pur, soleil radieux, routes sèches ; on apercevait la campagne au loin. Aujourd'hui il pleut ; de gros nuages gris courent dans le ciel ; plus de soleil ; les routes sont boueuses ; la brume masque les objets lointains.

De même, les saisons sont très différentes. Il fait froid en hiver et l'on doit allumer du feu dans les appartements ; il fait chaud en été et l'on recherche l'ombre. C'est seulement au printemps et en automne que la température n'est ni trop chaude ni trop froide.

Il y a des régions de la terre où d'un bout de l'année à l'autre le soleil luit dans un ciel sans nuages : ainsi, dans le Sahara, en Afrique, où des années se passent sans pluie. Au contraire, en d'autres pays, par exemple en Irlande, au nord-ouest de l'Europe, il pleut deux jours sur trois.

De même, il y a des pays où il fait toujours aussi chaud et plus chaud que chez nous pendant l'été : ainsi dans le voisinage de l'équateur, dans l'Amérique centrale, dans l'Afrique centrale. Au contraire, les régions polaires ont un climat froid, même pendant l'été où les jours les plus chauds ressemblent à nos belles journées d'hiver, claires mais froides ; il y gèle pendant neuf mois sur douze.

31. 2ᵉ LECTURE : **Les plantes.** — Visitons nos jardins pour connaître les besoins des plantes.

Pourquoi les jardiniers arrosent-ils les fleurs en été ? Parce qu'il fait très chaud et que le soleil boit, pour ainsi dire, l'humidité de la terre dont les plantes ont besoin. Voyez ce qui se passe un jour très chaud : les plantes se flétrissent au soleil ; qu'on les arrose le soir, et elles semblent renaître. Les plantes ont besoin de boire pour vivre.

Les unes en ont plus besoin que les autres. Laissez passer huit jours sans arroser vos hortensias ; les feuilles sont jaunes, les pieds meurent. La vigne n'a pas été arrosée pendant ces huit jours, et elle n'en a pas souffert. La vigne se passe donc d'eau plus facilement que les hortensias.

De même, les plantes sont plus ou moins sensibles au froid. La vigne passe tout l'hiver en pleine terre, au milieu des champs, ce qui ne l'empêche pas de reverdir au printemps. Que deviendraient les camélias, les géraniums, si on les laissait dehors au froid et à la gelée ? La vigne craint donc moins le froid que les camélias et les géraniums.

On voit la raison pour laquelle la végétation d'un pays dépend de son climat.

32. 3ᵉ LECTURE : **Les animaux, leur corps et leur genre de vie.** — On trouve chez les animaux toutes les variétés de jambes, de pieds et de pattes, de nez, de becs, de langues, de dents. Ces divers organes sont appropriés à la vie et au milieu des animaux.

L'aigle a des serres solides et un bec recourbé qui lui permettent de saisir solidement et de déchirer la chair dont il se nourrit. Voyez les pattes du tigre. Les pattes palmées du canard, qui le rendent si malhabile à marcher, lui permettent de nager sur les eaux au fond desquelles, grâce à son long cou, il peut chercher sa nourriture.

Les jambes et les sabots du cheval lui permettent de trotter sur des terrains herbeux et plats. Le héron, sur ses jambes-échasses, peut, sans se mouiller le corps, se promener dans les marais, en quête de poissons qu'il saisit en baissant son long bec emmanché d'un long cou.

Exercices.

Questionnaire. — 28. Tous les pays sont-ils des pays chauds ? Comment nomme-t-on les pays ni trop chauds ni trop froids ? Où fait-il le plus chaud, à l'équateur ou aux pôles ? au pied ou au sommet d'une montagne ? Pleut-il autant dans tous les pays ? — De quoi les plantes ont-elles besoin pour croître ? Toutes les plantes craignent-elles également le froid, aiment-elles également l'humidité ? Citer des exemples. — Tous les animaux pourraient-ils vivre sur l'eau ? Comment sont faites les pattes du canard ? Pourquoi l'aigle peut-il soulever des agneaux ? Comment vit le héron ?

29. Quelles sont les quatre principales zones terrestres ? Comment est caractérisée la zone équatoriale ? la zone subtropicale ? la zone tempérée ? la zone glaciale ? Combien y a-t-il de zones équatoriales ? de zones tempérées ? de zones polaires ?

Exercices d'intelligence. — Qu'arrive-t-il si pendant un été chaud et sec on n'arrose pas les plantes ? Qu'arrive-t-il aux plantes qu'on laisse dehors quand l'hiver est très rigoureux ? Connaissez-vous des plantes qui gèlent facilement ? des plantes qui résistent au froid ? — Avez-vous vu un canard ? Pourquoi le canard marche-t-il si mal et nage-t-il si bien ?

FIG. 2. — Suivant leur constitution physique, la forme de leurs mâchoires, de leur bec, de leurs pattes, les animaux peuvent se nourrir d'herbe ou de viande, vivre sur terre ou dans l'eau, grimper, nager.

3° Les régions équatoriales sont caractérisées également par la grosseur de leurs animaux. Parmi les principaux animaux des régions équatoriales, on peut citer le lion, le tigre, l'éléphant, le rhinocéros, l'hip-

33. 4ᵉ Lecture : Les régions équatoriales. — Les régions équatoriales sont les régions situées dans le voisinage de l'équateur. Les principales sont : le *bassin de l'Amazone*, dans l'Amérique du Sud ; le *bassin du Congo*, dans l'Afrique centrale ; l'*Inde* et l'*Indo-Chine*, en Asie ; les *îles de la Sonde*, en Océanie, etc.

1° Les régions équatoriales sont caractérisées d'abord par leur climat qui est très chaud et très humide. Les pluies tombent avec abondance et presque tous les jours pendant une grande partie de l'année, et la température ressemble presque constamment à celle de nos pays les jours d'orage. C'est cette chaleur et cette humidité continues qui en rendent le séjour pénible et malsain pour les Européens.

2° Elles sont caractérisées ensuite par la puissance de leur végétation. La majeure partie en est couverte par des forêts épaisses d'arbres très gros et très élevés, sous lesquels croissent des broussailles enchevêtrées et des fougères géantes, cinq ou six fois plus grandes qu'un homme. Des lianes, d'où l'on extrait le caoutchouc, vont d'un arbre à l'autre. Il est très difficile de se frayer un chemin à travers ces immenses étendues boisées où l'on reste presque toujours dans une demi-obscurité.

On trouve aussi des cultures dans les régions équatoriales. Parmi les produits végétaux qui nous en viennent, il faut citer le coton, le riz, le thé, le café, la canne à sucre et le cacao.

FIG. 33-35 — LES RÉGIONS ÉQUATORIALES.
1. LES ANIMAUX : ÉLÉPHANTS ET HIPPO-
POTAMES. — 2. LES VÉGÉTAUX : FOU-
GÈRES GÉANTES. — 3. LES HABITANTS :
SAUVAGES DE L'AFRIQUE CENTRALE.

La région équatoriale a un climat à la fois très chaud et très humide. La végétation y est extrêmement dense et touffue ; la majeure partie du pays est couverte d'immenses forêts d'arbres gigantesques sous lesquels on se trouve presque toujours dans une demi-obscurité. Les animaux sont énormes : c'est dans cette région que vivent les éléphants, les hippopotames, les rhinocéros, les lions et les tigres, les grands serpents. Les hommes sont des sauvages qui vivent presque complètement nus, de la chasse, de la pêche ou des fruits des arbres (noix de coco, etc.).

popotame, le chimpanzé. Dans les fleuves et les marais vivent les crocodiles. C'est aussi dans les régions équatoriales qu'on trouve les grands serpents, comme le serpent boa qui peut d'un coup engloutir un homme ou étouffer un taureau dans ses replis.

Les hippopotames et les éléphants ont des deux côtés de la bouche des espèces de cornes en ivoire qu'on nomme défenses : ce sont les régions équatoriales qui fournissent l'ivoire

FIG. 36. — UN BOMBAX FROMAGER

qui sert à fabriquer beaucoup d'objets en usage dans le monde.

. 4° Les hommes de la région équatoriale ne cultivent pas beaucoup le sol. Ils vivent de la chasse, de la pêche, ou des fruits que donnent certains arbres, comme l'arbre à pain, le cocotier (noix de coco), l'arbre à beurre, le bombax fromager.

Ils sont sauvages; leurs maisons sont des huttes primitives; ils ne savent pas confectionner et ne portent point de vêtements. Ils ne savent guère fabriquer que des armes primitives et grossières (arcs et flèches, des ustensiles rudimentaires, des canots légers).

34. 5ᵉ LECTURE : **Déserts et oasis.** — Dans la zone subtropicale, tout autour de la terre, il existe une région de déserts. Cette région comprend : dans l'hémisphère boréal, le *Sahara*, dans l'Afrique du Nord; l'*Arabie* et une partie de l'Asie centrale; — dans l'hémisphère austral, l'*Australie centrale*, en Océanie, etc.

1° Ces régions de la terre sont caractérisées d'abord par l'absence presque complète de pluies. Dans le Sahara, il se passe parfois plusieurs années de suite sans qu'il pleuve une seule fois.

Par suite, les plantes n'y peuvent pousser. On n'y voit partout que des sables amoncelés en dunes, et d'immenses étendues de pierres sèches. Les hommes sont nécessairement très peu nombreux dans ces pays qui ne leur fournissent aucune ressource. On ne vit pas dans les déserts; on se contente de les traverser sur le dos des chameaux, animaux très sobres qui peuvent rester plusieurs jours sans boire.

Le plus souvent, les voyageurs qui traversent le désert ne vont pas isolément; ils s'associent par groupes, ou *caravanes*, qui comprennent souvent une centaine de chameaux pour porter les voyageurs et les marchandises.

2° De place en place dans les déserts, il y a un puits,

FIG. 39.
CHAMEAU.

une source, un bout de ruisseau qui sort d'une source. Avec l'eau reparaissent les arbres, les cultures, la vie. Ces places riantes et peuplées au milieu du désert forment les oasis.

Les oasis renferment des champs d'orge et de blé, ainsi que des arbres fruitiers, amandiers, figuiers, abricotiers. Mais l'arbre le plus commun dans les oasis est une variété de palmier qui porte des dattes, le palmier-dattier.

FIG. 37-38. — DÉSERTS ET OASIS.
1. DUNES DANS LE SAHARA. — 2. OASIS ALGÉRIENNE.

Le Sahara est un désert parce qu'il n'y pleut presque jamais; le vent amoncelle les sables en dunes qui ont parfois jusqu'à 100 mètres d'élévation; l'homme circulerait difficilement dans le désert sans le secours du chameau, l'animal sobre par excellence : du reste, les voyages se font surtout par groupes, par caravanes. Partout où il existe de l'eau dans le Sahara, les arbres et les cultures reparaissent : ces taches de verdure au milieu du désert sont les oasis.

C'est dans les oasis que les caravanes font halte dans la traversée du désert, parce qu'elles y trouvent de l'eau, des vivres, un ombrage, et les seuls habitants du désert.

Exercices.

Questionnaire. — 33. Quelles sont les principales régions équatoriales en Amérique? en Afrique? en Asie? en Océanie? Quels sont les principaux produits fournis par la zone équatoriale? Quels sont les principaux animaux des régions équatoriales? — Que savez-vous des habitants qui y vivent? — 34. Quelles sont les principales régions de déserts? Comment voyage-t-on dans les déserts? Pourquoi le chameau peut-il traverser les déserts? Quels sont les principaux produits des oasis? Pourquoi les caravanes qui traversent les déserts s'arrêtent-elles de préférence dans les oasis?

Exercices d'intelligence. — *Quelle sorte de température fait-il, en été, avant un orage? Respire-t-on facilement? Est-on courageux ou n'est-on pas, au contraire, abattu?* — *Avez-vous vu un lion ou un éléphant? Que pensez-vous de ces animaux comparés à nos animaux domestiques, comme dimensions et comme force?* — *Pourquoi cultive-t-on peu le sol dans la zone des forêts équatoriales?* — *Pourquoi n'y a-t-il pas d'arbres dans les dunes du Sahara et pourquoi en trouve-t-on dans les oasis?*

35. 6ᵉ LECTURE : Les régions tempérées. — Les régions tempérées sont celles qui sont situées à peu près à

Photo Alinart

égale distance du pôle et de l'équateur. Parmi elles on peut citer l'*Europe* presque tout entière, et notamment la France; la *Chine* et le *Japon*, en Asie; les *États-Unis* en Amérique.

1° La température est plus chaude dans les parties qui tirent vers l'équateur, plus froide dans les parties qui tirent vers le pôle; mais partout la chaleur est supportable, et le froid n'est rigoureux qu'exceptionnellement.

De même, certaines régions tempérées sont plus humides et d'autres plus sèches; mais dans aucune il ne s'écoule jamais plusieurs années ou même plusieurs mois sans qu'il pleuve.

2° Comme il pleut partout dans la zone tempérée, on n'y trouve pas de déserts. Mais la végétation n'est pas aussi puissante que dans les pays équatoriaux; les arbres sont moins gros et moins hauts, les forêts moins épaisses et moins touffues.

Parmi les produits végétaux des régions tempérées, on peut citer : dans les régions les plus chaudes, par exemple sur les rives de la Méditerranée, les orangers, les citronniers, les vignes, le maïs; en Chine et dans le Japon méridional, le riz et le thé; dans les régions moins chaudes, les céréales (blé, avoine, orge, seigle, blé noir), la betterave, le chanvre, le lin.

Les principaux arbres des forêts des régions tempérées sont les chênes, les hêtres, les tilleuls, dont les feuilles sont caduques, c'est-à-dire tombent chaque année; les pins et les sapins, ou arbres toujours verts.

3° Les animaux des régions tempérées sont loin d'égaler ceux des régions équatoriales pour la force et la grosseur.

Parmi les animaux sauvages, on peut citer le loup, le sanglier, le renard, qui sont infiniment moins dangereux que les animaux sauvages des régions équatoriales; on trouve encore des ours dans les montagnes.

La plupart des animaux de ces régions sont aujourd'hui domestiqués, c'est-à-dire que l'homme a réussi à les apprivoiser, à les dresser, à les faire servir à ses besoins : tels le cheval et le bœuf qu'il fait labourer ou tirer ses voitures, le mouton, le porc, l'âne et le mulet. Au lieu d'être une menace et un danger pour l'homme, ces animaux constituent pour lui un auxiliaire, une aide dans ses travaux.

De toutes les régions terrestres, la zone tempérée est celle qui renferme le plus grand nombre d'hommes, les États principaux, et les villes les plus peuplées du globe.

FIG. 40-42. — PAYSAGES DE LA ZONE TEMPÉRÉE.

1. LES ILES BORROMÉES, DANS LE LAC MAJEUR (ITALIE). — 2. PAYSAGE JAPONAIS. 3. UNE FERME DE NORMANDIE.

La zone tempérée, moins chaude et moins humide que la zone équatoriale, n'a pas de forêts aussi épaisses, mais elle a des arbres en grand nombre et des pâturages, un aspect en général frais et verdoyant. Dans l'Italie, où le climat est relativement chaud et sec, les principaux arbres sont les orangers, les oliviers. On trouve au Japon des arbres différents des nôtres, tels que le paulownia. Plus humide et plus fraîche, la Normandie est connue par ses herbages ombragés de pommiers, et par ses bœufs et ces vaches qu'on élève pour la boucherie ou pour la production du beurre et des fromages.

36. 7e Lecture · Les régions polaires. — Dans les régions polaires, l'hiver est une longue nuit qui dure deux, trois, quatre mois consécutifs; pendant l'été, le soleil reste au-dessus de l'horizon, sans se coucher, pendant deux, trois, quatre mois de suite.

1° Les hivers sont très rigoureux; le thermomètre descend à 50 degrés au-dessous de zéro. Pendant neuf mois de l'année, il gèle très fort; la terre et la mer sont cou-vertes de neiges et de glaces. L'été a quelques jours relativement chauds; la neige fond alors, la mer dégèle par endroits; des oiseaux volent dans les airs ou nagent sur les eaux.

2° Les régions polaires n'ont pas de végétation, à l'exception de quelques plantes humbles, comme les mousses et les lichens, et de quelques fleurettes qui poussent dans les anfractuosités. L'homme ne peut tirer sa nourriture du sol.

Les animaux sont pour la plupart amphibies, c'est-à-dire qu'ils peuvent vivre tour à tour dans la mer et sur la terre. Les principaux d'entre eux sont les ours blancs, les phoques, les morses; on y élève aussi les rennes: c'est dans les mers polaires qu'on trouve les gigantesques baleines. Chaque année, pendant la saison chaude, de nombreux navires, appelés *baleiniers*, vont dans les mers polaires pour pêcher la baleine.

3° Les habitants sont peu nombreux dans les régions polaires. En hiver, ils vivent dans des huttes creusées dans la glace. En été, ils s'établissent sous des tentes de peaux tendues sur des pieux. Ils circulent sur terre dans des traîneaux tirés par des chiens ou par des rennes, et sur mer dans des canots faits de peaux de phoque tendues sur des carcasses d'animaux. Ils sont chasseurs ou pêcheurs.

Exercices.

Questionnaire. — 35. Quels sont les principaux pays tempérés en Europe? en Asie? en Amérique? Quels sont les principaux produits végétaux des régions tempérées? Quels arbres trouve-t-on

FIG. 13-15. — PAYSAGES DE LA ZONE POLAIRE.

1. UNE CHASSE A LA BALEINE. — 2. ANIMAUX DE LA RÉGION POLAIRE, OURS BLANC, PHOQUES, PINGOUINS. — 3. LA NATURE POLAIRE, GLACES ET NEIGES; EXPLORATEURS AVEC LEUR NAVIRE, LEUR TRAÎNEAU ET LEURS CHIENS.

Les régions polaires n'ont aucune végétation: la terre est couverte de glace et de neiges; dans la mer, presque partout gelée, se dressent de gros blocs de glace qu'on nomme *icebergs*. Les animaux polaires sont des ours blancs, des phoques et des morses, beaucoup d'oiseaux, enfin des baleines que de nombreux navires viennent pêcher chaque année pendant la saison chaude.

dans les forêts de ces régions? Quels sont les animaux les plus communs? Comparez-les à ceux de la zone équatoriale pour la férocité, pour les services qu'ils peuvent rendre. — 36. Que savez-vous du climat des régions polaires? Quelle végétation y trouve-t-on? Quelles espèces d'animaux sur terre, dans la mer? Que savez-vous des habitants de ces régions?

Exercices d'intelligence. — *Pourquoi les régions polaires sont-elles peu peuplées? Pourquoi y trouve-t-on peu de ressources végétales? Pourquoi les régions tempérées sont-elles en général très peuplées? Pourquoi y trouve-t-on beaucoup de prairies? A quoi servent les prairies? Quels services nous rendent le cheval, le bœuf, la vache, le mouton?*

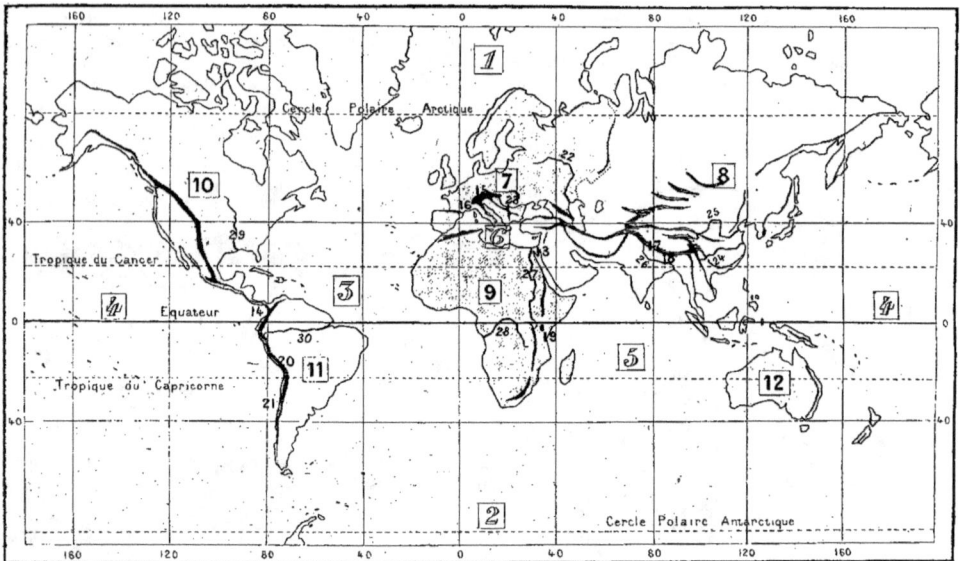

FIG. 46. — PLANISPHÈRE MUET.

Revision des chapitres 2 à 6 (Nomenclature)

1. — La carte ci-dessus est un planisphère : pourquoi le planisphère ne donne-t-il qu'une figure inexacte de la terre? Quelle est, dans un planisphère, la région de la terre qui est représentée bien plus étendue qu'elle n'est en réalité? Y a-t-il d'autres moyens de représenter la terre? En avez-vous vu dans ce livre?

MERS ET OCÉANS

REGARDEZ LE PLANISPHÈRE CI-DESSUS :

2. — Quel est l'océan désigné par le numéro 1? par le numéro 2? par le numéro 3? par le numéro 4? par le numéro 5? Quelle est la mer désignée par le numéro 6?

3. — Quelles parties du monde baigne l'océan Glacial Arctique? l'océan Atlantique? l'océan Pacifique? l'océan Indien? l'océan Glacial Antarctique? Quelles parties du monde baigne la mer Méditerranée?

4. — Quel est le plus vaste des océans? Pourquoi l'appelle-t-on océan Pacifique? — Qu'est-ce qu'un courant? Connaissez-vous un courant dans l'océan Atlantique? D'où part-il? Quel est son trajet? Quels sont ses effets sur le climat et la végétation de l'Europe? Comment peut-on prouver que le Gulf Stream envoie ses eaux jusque dans les terres polaires situées au nord de l'Europe?

5. — Comment vous figurez-vous les deux océans Glacials? — Peut-on y naviguer facilement? Comment peut-on y circuler? Les voyageurs qui vont les explorer trouvent-ils sur place des aliments pour se nourrir? Quel est le gros animal qu'on va pêcher l'été dans les mers avoisinant le pôle?

6. — Qu'est-ce que le flux? le reflux? quelle longueur de temps sépare le commencement du flux du commencement du reflux suivant? Combien y a-t-il de marées par jour? Quel intervalle sépare deux marées hautes consécutives?

7. — La côte présente-t-elle le même aspect à marée haute et à marée basse? Pouvez-vous citer une mer où il n'y a pas de marée? A quel moment les bateaux peuvent-ils entrer le plus facilement dans les ports, à marée haute ou à marée basse?

ALLEZ AU TABLEAU :

Dessinez un golfe, un détroit, une île, un archipel, une presqu'île, un isthme.

Dessinez une côte avec deux golfes, une péninsule et un isthme, trois caps; près de la côte, une île et un détroit; au large, un archipel formé d'une grande île et de trois îlots.

Dessinez l'océan Pacifique avec le pays qu'il baigne; dessinez de même l'océan Atlantique, l'océan Indien.

CONTINENTS ET PARTIES DU MONDE

REGARDEZ LE PLANISPHÈRE CI-DESSUS :

8. — Dans quelle moitié du globe y a-t-il la plus grande étendue de terres : est-ce au nord ou au sud de l'équateur? Lequel des deux hémisphères pourrait-on appeler le plus justement hémisphère continental? Quel est l'hémisphère maritime?

9. — Quelle est la partie du monde désignée par le numéro 7? par le numéro 8? par le numéro 9? — Comment appelle-t-on le continent qui comprend à la fois les parties du monde 7, 8, 9? Comment s'appelle l'isthme 13? — Quel est le pays désigné par le numéro 10? par le numéro 11?

10. — Comment appelle-t-on le continent qui comprend à la fois les pays 10 et 11? Comment s'appelle l'isthme 14? Quelle est la grande terre désignée par le numéro 12? Comment appelle-t-on l'ensemble des terres entourées par l'océan Pacifique?

11. — A quelles mers touche l'Europe? l'Asie? l'Afrique? l'Amérique? Quelle est la plus grande des cinq parties du monde? quelle est la plus petite? Combien de fois l'Asie est-elle grande comme l'Europe?

12. — Quelle différence, au point de vue du contour, faites-vous entre l'Europe et l'Asie? l'Europe et l'Afrique? — Est-ce un avantage pour un pays d'avoir des contours découpés? Pourquoi est-ce un avantage? Peut-on arriver assez facilement par mer jusque vers le centre de l'Europe? Peut-on arriver facilement par mer jusque vers le centre de l'Afrique? Laquelle est la plus découpée des cinq parties du monde?

13. — Vous êtes-vous demandé pourquoi on dit l'*Ancien Continent* en parlant du continent qui renferme l'Europe, l'Asie et l'Afrique? Pourquoi appelle-t-on l'Amérique *Nouveau Continent*? Pourquoi appelle-t-on l'Océanie *Continent austral*?

ALLEZ AU TABLEAU :

Dessinez sommairement l'Europe, l'Asie, l'Afrique, l'Amérique. Dessinez l'Ancien Continent. Dessinez l'océan Pacifique avec l'Australie et les grandes terres de l'Océanie.

GRANDES MONTAGNES

REGARDEZ LE PLANISPHÈRE CI-CONTRE :

14. — Comment s'appelle, en Europe, la chaîne de montagnes indiquée par le numéro 15? la montagne marquée 16? Dans quelle partie du monde est la chaîne de l'Himalaya? Quel est le numéro qui la désigne? — Quelle montagne est désignée par le numéro 18? par le numéro 19, en Afrique?

15. — Dans quelle partie du monde est située la chaîne des Montagnes Rocheuses? Quel numéro la désigne? Quelle est la chaîne de montagnes de l'Amérique du Sud désignée par le numéro 20? la montagne désignée par le numéro 21?

16. — Quelle est la plus haute montagne du globe? Quelle est sa hauteur en mètres? Dans quel sens sont dirigées les Montagnes Rocheuses et les Andes? Dans quel sens sont dirigés l'Himalaya et les Alpes? Quelle est la chaîne de hautes montagnes la plus proche de nous?

ALLEZ AU TABLEAU :

Dessinez une montagne en marquant le sommet, le flanc ou versant, le pied. Dessinez une carte pour représenter une chaîne de montagnes, un massif montagneux, une vallée et une plaine. Dessinez un col entre deux montagnes.

Dessinez l'Europe et l'Asie en indiquant les Alpes et l'Himalaya. Dessinez l'Amérique avec les Montagnes Rocheuses et les Andes.

GRANDS COURS D'EAU

REGARDEZ LE PLANISPHÈRE CI-CONTRE

17. — Comment s'appellent, en Europe, les fleuves marqués 22, 23? — En Asie, les fleuves marqués 24, 25, 26? — En Afrique, les fleuves marqués 27, 28? — En Amérique, les fleuves marqués 29, 30?

18. — Quel est le fleuve le plus long du monde? Quel est celui qui roule le plus d'eau? Pourquoi l'Amazone roule-t-il tant d'eau? — Quelle est la longueur du Nil? Dans quelle mer se jette le Nil? Dans quelles mers se jettent l'Amazone, le Mississippi, le Congo? — Se jette-t-il beaucoup de grands fleuves dans l'océan Pacifique? Quel est l'océan qui reçoit le plus grand nombre de grands fleuves?

19. — Pourquoi les fleuves européens sont-ils moins longs que les fleuves des autres parties du monde? Le Nil se termine-t-il par un estuaire ou par un delta? Quelle sorte d'embouchure a le Congo?

ALLEZ AU TABLEAU :

Dessinez un cours d'eau en marquant l'amont et l'aval, la rive droite et la rive gauche. Dessinez un fleuve terminé par un estuaire et ayant trois affluents sur sa rive droite et deux sur sa rive gauche; marquez la source et les confluents. Dessinez un delta.

Dessinez l'Afrique avec ses grands fleuves. Dessinez l'Amérique avec ses grands fleuves.

GRANDES RÉGIONS TERRESTRES

REGARDEZ LE PLANISPHÈRE CI-CONTRE :

20. — Quels sont les fleuves qui arrosent les grandes régions équatoriales en Amérique? en Afrique? Dans quelle région le Nil a-t-il sa source? son embouchure?

21. — Le Nil roule moins d'eau quand il se jette dans la Méditerranée que vers le milieu de son cours : pourquoi? Quels sont les principaux fleuves de la région tempérée?

22. — Montrez dans l'hémisphère boréal la ligne qui passe par les régions chaudes et sèches. Montrez la même ligne dans l'hémisphère austral. Dites quelle est la grande terre de l'hémisphère austral que traverse cette ligne.

ALLEZ AU TABLEAU :

Dessinez sommairement un planisphère et marquez-y de manières différentes la zone équatoriale, les zones subtropicales, les zones tempérées et les zones polaires.

Indiquez sur ce planisphère l'emplacement du bassin de l'Amazone, du bassin du Congo, de l'Inde; indiquez l'emplacement du Sahara, de l'Arabie, de l'Australie; indiquez l'emplacement des États-Unis, de l'Europe occidentale, de la Chine, du Japon.

MONTAGNES

Les figures 1, 2 et 3 de la page 21 comprennent trois montagnes de type différent : la première est surmontée d'un panache de fumée ; la seconde est couverte de sapins jusqu'au sommet ; la troisième est couverte de neiges et de glaces.

23. — Comment appelle-t-on les montagnes qui lancent de la fumée ? Comment s'appelle l'ouverture par où sort la fumée ? N'en sort-il pas parfois autre chose que de la fumée ? — Qu'appelle-t-on lave ? N'y a-t-il pas des dangers pour les villes qui sont situées au pied des volcans ? Quels dangers ?

24. — Pourquoi la montagne 3 est-elle couverte de neige ? Regardez bien cette vue n° 3 ; où y a-t-il de la neige, et où n'y en a-t-il pas ? pourquoi n'y a-t-il pas de neige sur les pentes trop raides et pourquoi y en a-t-il, au contraire, dans les parties peu inclinées ? — Quelles difficultés éprouve le voyageur qui veut escalader une très haute montagne, comme température, comme respiration, comme escalade ?

25. — Pourquoi la montagne 2 n'a-t-elle pas de neiges et pourquoi porte-t-elle des arbres jusqu'au sommet ? En hiver, y a-t-il de la neige sur cette montagne ? Que devient la neige d'hiver quand elle fond ? — Quel est le moment de l'année où les rivières venues des montagnes roulent le plus d'eau ?

26. — L'homme trouve-t-il des ressources sur la montagne 3 ? — Quelles ressources peut-il trouver sur la montagne 2 ? Que fait-on avec le bois des arbres abattus sur la montagne ?

COURS D'EAU

Les figures 4 et 5 sont relatives aux cours d'eau : la figure 4 représente un torrent dans la montagne ; la figure 5 représente l'estuaire d'un fleuve.

27. — Pourquoi le torrent de la figure 4 ne porte-t-il pas de bateau ? Pourquoi est-il très rapide ? Est-il assez profond ? D'où vient l'eau qui forme le torrent de la montagne ? — D'où viennent les pierres qu'on aperçoit au fond de son lit ? Que deviennent ces pierres ? Où vont les sables et les boues que roulent les fleuves ? Pourquoi les deltas ne cessent-ils de s'agrandir aux dépens de la mer ? N'est-il pas juste de dire que les fleuves travaillent à combler la mer avec les débris qu'ils ont arrachés aux montagnes ?

28. — Le fleuve de la figure 5 porte de grands bateaux : pourquoi ? Pourquoi est-il plus lent que le torrent de la montagne ? Comment le fleuve, tout petit près de sa source, finit-il par avoir tant d'eau ? Comment appelle-t-on les rivières qui grossissent un fleuve ? le point où un affluent se jette dans un fleuve ?

29. — Comment appelle-t-on l'étendue de terre dont un fleuve jette les eaux à la mer ? — Un fleuve roule-t-il toujours la même quantité d'eau ? N'y a-t-il pas des moments où il a beaucoup d'eau, et d'autres où il en a très peu ? — Quelle est, dans nos pays, la saison où les fleuves ont en général le plus d'eau ? Pourquoi ?

30. — On a défini parfois les fleuves des *chemins qui marchent* : pourquoi ? Dans les pays où il n'y a pas de routes, comment circule-t-on le plus souvent ? — Pourquoi y a-t-il tant de grandes villes sur les bords des fleuves ? Les fleuves n'offrent-ils à l'homme que des facilités pour le commerce ? Contribuent-ils à le nourrir ? Rendent-ils à l'homme des services industriels ? — S'ils rendent des services, ne sont-ils pas aussi parfois des voisins dangereux ? Avez-vous vu une inondation ? Quelle est la cause qui produit les inondations ?

GRANDES RÉGIONS TERRESTRES

Les figures 6, 7, 8, 9 de la page 21 représentent : 1° des dunes dans le Sahara, dans la zone subtropicale ; 2° une plaine française dans la zone tempérée ; 3° un coin des forêts de l'Amazone, dans la zone équatoriale ; 4° un paysage de la région polaire.

31. — Pourquoi n'y a-t-il pas de végétation dans le Sahara ? pourquoi n'y en a-t-il pas dans la zone polaire ? Quels sont les deux éléments dont les plantes ne peuvent se passer ?

32. — De la zone tempérée et de la zone équatoriale, laquelle a les arbres les plus vigoureux ? Comment décririez-vous une forêt équatoriale ? — Est-il facile de défricher une forêt comme celle-là ? Comparez l'homme de la fig. 8 avec l'arbre dont on voit les racines ; les arbres de nos forêts sont-ils aussi gigantesques ? — Est-il facile de voyager dans la forêt équatoriale ? Quelles difficultés y trouve-t-on ?

33. — Pourquoi y a-t-il des pâturages dans les pays tempérés ? Quels sont les animaux qu'on y élève ? Quels sont les principaux produits de ces animaux ? Quels sont les autres produits de la zone tempérée ?

34. — Pourquoi l'homme ne peut-il vivre en grand nombre dans les régions de déserts comme le Sahara ? dans les régions de forêts équatoriales ? Pourquoi la zone tempérée est-elle celle où on trouve les États les plus peuplés du globe ? Citez les principaux de ces États ?

CÔTES

Les figures 10 et 11 sont relatives aux côtes : la figure 10 représente une côte bordée d'une plage de sable, la figure 11 représente une côte rocheuse et découpée.

35. — Pourquoi n'y a-t-il pas de navires sur la figure 10 ? Cette côte est-elle plate ou creuse ? Qu'arriverait-il si un navire s'approchait trop près de la terre sur une côte de ce genre ? Pourrait-il débarquer facilement ses passagers et ses marchandises ?

36. — Y a-t-il des bateaux dans la figure 11 ? Les grands navires qu'on y voit sont des navires de guerre : quelle profondeur faut-il à peu près pour que des navires de guerre puissent se mouvoir sans crainte de toucher le fond ? Pourquoi ces navires sont-ils bien protégés contre les tempêtes dans cette rade ?

37. — Des plages de sable ou des rades profondes et découpées, lesquelles valent mieux pour la navigation ? Pourquoi les premières l'emportent-elles sur les secondes ? Les plages de sable n'ont-elles pas aussi des avantages ? Pourquoi les baigneurs y viennent-ils l'été ?

38. — Résumez brièvement quels sont les avantages et quels sont les inconvénients des plages de sable ? Quels sont les avantages et quels sont les inconvénients des côtes rocheuses et découpées ?

57. Limites. — L'Europe occupe la partie nord-ouest de l'ancien continent.

Elle a pour limites : au nord, l'*océan Glacial Arctique* ; au nord-ouest et à l'ouest, l'*océan Atlantique* ; au sud, la *Méditerranée* et la *mer Noire* ; à l'est, l'*Asie* (Caspienne, fleuve et monts Oural).

58. Mers. — L'Europe est baignée par trois mers principales et plusieurs mers secondaires.

1° L'océan Glacial Arctique baigne le *cap Nord* et l'*Islande* ; il forme la *mer Blanche*.

2° L'océan Atlantique baigne la *presqu'île Scandinave*, l'archipel des *Iles Britanniques* (Grande-Bretagne et Irlande), la *France* et la *presqu'île Ibérique*, terminée par le cap Finisterre. au nord-ouest. Il forme la *mer Baltique*, qui est presque fermée, la *mer du Nord*, à l'est de la Grande-Bretagne, et la *Manche*, entre la France et la Grande-Bretagne.

3° La Méditerranée baigne la *presqu'île Ibérique*, les îles de *Corse* et de *Sardaigne*, la *presqu'île d'Italie*, l'île de *Sicile*, la *presqu'île de Grèce* terminée par le *cap Matapan*, l'île de *Crète*.

La Méditerranée communique avec l'océan Atlantique par le *détroit de Gibraltar* (15 kil.).

Elle forme la *mer Adriatique* à l'est de l'Italie, la *mer Égée* à l'est de la Grèce, la *mer Noire* où l'on entre par le détroit du Bosphore, et la *mer d'Azov* à l'est de la presqu'île de Crimée.

59. Montagnes. — Au nord et à l'est, l'Europe forme une vaste plaine. Les montagnes sont presque toutes situées dans la moitié sud.

Les principales montagnes sont :

Les *Alpes*, qui atteignent 4800 mètres au Mont-Blanc ; elles sont au nord de l'Italie ;

Les *Pyrénées*, au sud-ouest, entre la France et la presqu'île Ibérique ;

Les *Apennins*, situés au sud, en Italie ;

Les *Karpates*, situés à l'est des Alpes.

On trouve, au nord, des montagnes dans la Grande-Bretagne et la péninsule scandinave ; au

FIG. 58-60. — 1. LE CAP NORD. — 2. LE MONT-BLANC. — 3. LES RIVES DE LA VOLGA.

Le cap Nord, à l'extrémité nord de la péninsule scandinave, marque le point septentrional de l'Europe ; l'est baigné par l'océan Glacial. Le Mont-Blanc, situé dans les Alpes françaises, est le point culminant des Alpes ; il a 4800 mètres de hauteur, et porte de grandes masses de neige et de grandes accumulations de glace. La Volga, en Russie, est le fleuve le plus long de l'Europe ; elle descend des monts Valdaï et se jette dans la mer Caspienne.

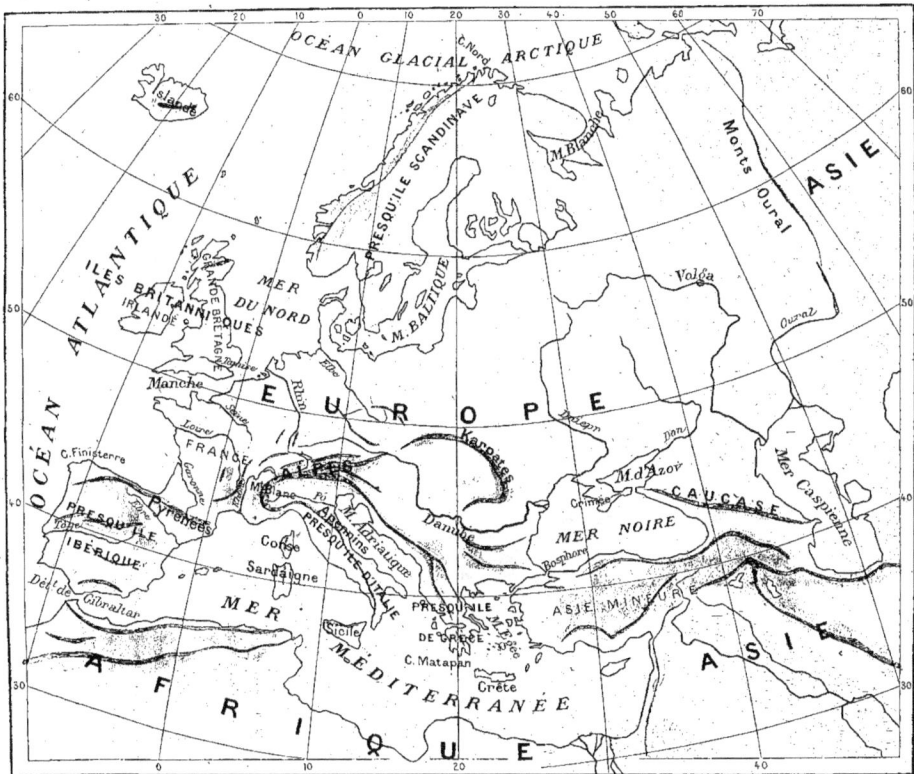

FIG. 61. — L'EUROPE PHYSIQUE.

nord-est, les *monts Oural* entre l'Europe et l'Asie.

40. Fleuves. — L'Europe est arrosée par de nombreux fleuves, entre autres :

L'*Elbe* et le RHIN, affluents de la mer du Nord ;

La *Seine*, qui se jette dans la Manche ;

La *Loire*, la *Garonne* et le *Tage*, qui se jettent dans l'océan Atlantique ;

L'*Ebre*, le *Rhône* et le *Pô*, qui se jettent dans la Méditerranée ;

Le DANUBE et le *Dniépr*, affluents de la mer Noire ;

Le *Don*, qui se jette dans la mer d'Azov ;

La VOLGA et l'*Oural*, affluents de la mer Caspienne.

Exercices.

Questionnaire. — 37. Quelles sont les limites de l'Europe, au nord? au nord-ouest et à l'ouest, au sud, à l'est? — 38. Quelle mer forme l'océan Glacial? quel cap baigne-t-il? Quelle île? quelles presqu'îles baigne l'océan Atlantique? quel archipel? quelles mers secondaires forme-t-il? Quelles îles trouve-t-on dans la Méditerranée? quelles presqu'îles? Par quel détroit entre-t-on de l'océan Atlantique dans cette mer? Quelles mers secondaires forme-t-elle?

39. Où sont surtout les montagnes en Europe? Quelles sont les montagnes principales? Quelles montagnes séparent la France de la presqu'île ibérique? l'Europe de l'Asie? Quelles montagnes trouve-t-on en Italie? — 40. Quels fleuves se jettent dans la mer du Nord? dans la Manche? dans l'Atlantique? dans la Méditerranée? Dans quelle mer se jette le Danube? la Volga? la Seine? la Loire? le Rhin? le Rhône?

41 Population. — L'Europe compte 400 millions d'habitants, environ le quart de la population totale du globe.

Ces habitants sont répartis en vingt États dont six principaux qui sont, par ordre de population, la *Russie*, l'*Allemagne*, l'*Autriche-Hongrie*, le *Royaume de Grande-Bretagne et d'Irlande*, la *France* et l'*Italie*.

42. Russie. — La Russie est située à l'est de l'Europe, dont elle occupe, à elle seule, la moitié de l'étendue.

C'est une immense plaine, baignée par l'océan

FIG. 62. — SAINT-PÉTERSBOURG.

Saint-Pétersbourg, capitale de la Russie, est une ville toute moderne, fondée sur le fleuve la Néva, en 1705, par le tsar Pierre le Grand dont elle porte le nom. Elle est grande et bien bâtie, mais son climat est très froid ; en hiver, la Néva est gelée plusieurs mois, et l'on y circule en traîneaux.

Glacial Arctique, la mer Baltique, la mer Noire et la mer Caspienne. Elle est arrosée par le Dnieper, le Don, la Volga et l'Oural, qui comptent parmi les principaux fleuves de l'Europe.

La Russie a 118 millions d'habitants. Elle est gouvernée par un empereur ou tsar.

Sa capitale est *Saint-Pétersbourg* (1 267 000 habitants), bâtie au fond d'un golfe de la mer Baltique. On peut citer comme autres grandes villes : *Moscou*, ancienne capitale, au centre ; *Varsovie*, à l'ouest ; *Odessa*, au sud, grand port sur la mer Noire.

Outre la Russie d'Europe, l'empire russe comprend toute l'Asie septentrionale (Sibérie, Turkestan).

45. Allemagne. — L'Allemagne est située

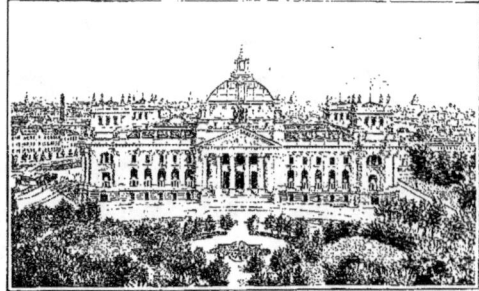

FIG. 63. — LE PALAIS DU REICHSTAG, A BERLIN.

Le parlement allemand s'appelle le Reichstag ; il siège à Berlin, capitale de l'Allemagne.

sur la mer Baltique et la mer du Nord, au centre de l'Europe.

Montagneuse au sud, formée de plaines au nord, elle est arrosée par l'Elbe et le Rhin.

L'Allemagne renferme 60 millions d'habitants.

Elle est gouvernée par un empereur qui est en même temps roi de Prusse.

L'Allemagne a pour capitale *Berlin*, qui est située au centre du pays. On peut citer comme autres villes

FIG. 64. — LES BORDS DU RHIN.

Les bords du Rhin, en Allemagne, sont couverts de vignes.

principales : *Munich*, *Dresde* et *Hambourg*, grand port à l'embouchure de l'Elbe.

44. Autriche - Hongrie. — L'Autriche-Hongrie est située sur le Danube et dans les Alpes Orientales, au centre de l'Europe. Elle comprend de grandes montagnes (Alpes et Karpates) et de grandes plaines. L'Autriche-Hongrie renferme 47 millions d'habitants. Elle est gouvernée par un souverain qui a le titre d'empereur d'Autriche et de roi de Hongrie.

Les deux villes principales sont : *Vienne*, capitale de l'Autriche, sur le Danube, et *Budapest*, capitale de la Hongrie, également située sur le Danube, plus à l'est.

45. Grande-Bretagne et Irlande. — Le Royaume-Uni de Grande-Bretagne et d'Irlande comprend l'archipel britannique, au nord-ouest de l'Europe, entre la mer du Nord, la Manche et l'océan Atlantique.

Il renferme 42 millions d'habitants, est gouverné par un roi et possède un immense empire colonial réparti dans toutes les parties du monde.

Sa capitale est *Londres* (4 600 000 habitants), au sud-est de l'Angleterre, la ville la plus peuplée et le port le plus important du monde entier. Les autres villes à citer sont *Édimbourg*, en Écosse, et *Dublin*, en Irlande.

46. France. — La France est située à l'ouest de l'Europe ; elle est baignée à la fois par la Manche, l'océan Atlantique et la Méditerranée. Dans la Méditerranée, elle possède la grande île de Corse.

La France est une république ; elle compte 39 millions d'habitants. C'est, après l'Angleterre, la plus importante puissance coloniale.

Elle a pour capitale *Paris* (2 800 000 habitants), sur la Seine. On peut citer encore *Lyon*, ville industrielle, sur le Rhône, et *Marseille*, port important sur la Méditerranée.

47. Italie. — L'Italie forme, au sud de l'Europe, une presqu'île qui est baignée par la mer Méditerranée, limitée au nord par la chaîne des Alpes et traversée du nord au sud par la chaîne des Apennins. Les îles de Sicile et de Sardaigne en dépendent.

C'est un royaume qui compte 32 millions d'habitants. La capitale est *Rome*, où résident à la fois le roi d'Italie et le pape. On peut citer encore

FIG. 66. — LONDRES.

Londres est bâtie sur la Tamise, petit affluent de la mer du Nord. C'est la ville la plus populeuse du monde entier, et c'est de même le port le plus important de tous.

FIG. 67. — PARIS.

Paris est moins peuplée que Londres, bien que ce soit une des trois villes les plus considérables du globe. Elle est renommée comme la ville la plus élégante et la mieux bâtie.

la ville de *Naples*, bâtie au pied du volcan du Vésuve (page 21, fig. 1).

48. États secondaires. — Parmi les États secondaires de l'Europe, on peut citer :

FIG. 68. — ATHÈNES.

Athènes est la capitale du royaume de Grèce. Elle est bâtie dans une plaine au pied du rocher de l'Acropole que couronnent plusieurs temples datant de l'antiquité. Elle est renommée pour le grand nombre et la beauté de ses monuments.

1° au sud-est, la **Turquie**, capitale *Constantinople*, sur le détroit du Bosphore ; la **Grèce**, capitale *Athènes* ;

2° au sud-ouest, l'**Espagne**, capitale *Madrid* ; le **Portugal**, capitale *Lisbonne* ;

3° Au nord-ouest, la **Belgique**, capitale *Bruxelles* ; la **Hollande**, capitale *la Haye* ;

4° Au centre, la **Suisse**, capitale *Berne* ;

5° Au nord, la **Suède**, capitale *Stockholm* ; la **Norvège**, capitale *Christiania*, et le **Danemark**, capitale *Copenhague*.

49. LECTURE : L'Europe est la partie du monde la plus civilisée. — Dans aucune autre partie du monde l'instruction n'est plus répandue qu'en Europe, surtout dans les pays de l'Europe occidentale et centrale, Angleterre, France, Allemagne.

L'Europe est, de même, à la tête de tous les progrès. Elle possède des voies ferrées qui permettent d'y circuler vite d'une région à l'autre. Ce sont des navires à vapeur européens qui sillonnent principalement la surface des mers et des océans. C'est d'Europe que sont parties la plupart des grandes inventions modernes.

Si les autres parties du monde commencent à se développer et à se civiliser à leur tour, elles le doivent aux nombreux émigrants européens qui, depuis trois siècles, et aujourd'hui en plus grand nombre que jamais, vont porter sur les continents lointains les inventions et les mœurs de l'Europe.

Les habitants de l'Europe ont peuplé tout le continent américain, notamment les États-Unis, qui font aujourd'hui concurrence à l'Europe au point de vue de la civilisation ; ils ont peuplé également l'Australie et de nombreuses parties du continent africain, comme l'Algérie-Tunisie et l'Afrique australe.

Beaucoup des pays étrangers, que les principales puissances de l'Europe avaient soumis jadis à leur domination, s'en sont aujourd'hui affranchis. Mais les peuples européens possè-

Photo Hanion.

FIG. 69.
LA CAMPAGNE HOLLANDAISE

La Hollande fait partie des Pays-Bas : c'est un pays plat, couvert de pâturages, humide et vert : des prés, des rivières et des canaux larges et lents, des moulins à vent, des troupeaux, voilà la Hollande.

FIG. 70. — UN FIORD DE NORVÈGE.

Un fiord est un golfe allongé et étroit entre deux hautes murailles de rochers. La Norvège possède beaucoup de fiords ; à cause de cela, la vie maritime est très développée dans ce pays.

dent encore une grande partie de l'Asie, de l'Afrique et la totalité de l'Océanie ; plusieurs territoires de l'Amérique forment encore des colonies européennes. L'Europe est donc comme la reine du monde entier par ses idées, sa civilisation, son influence générale.

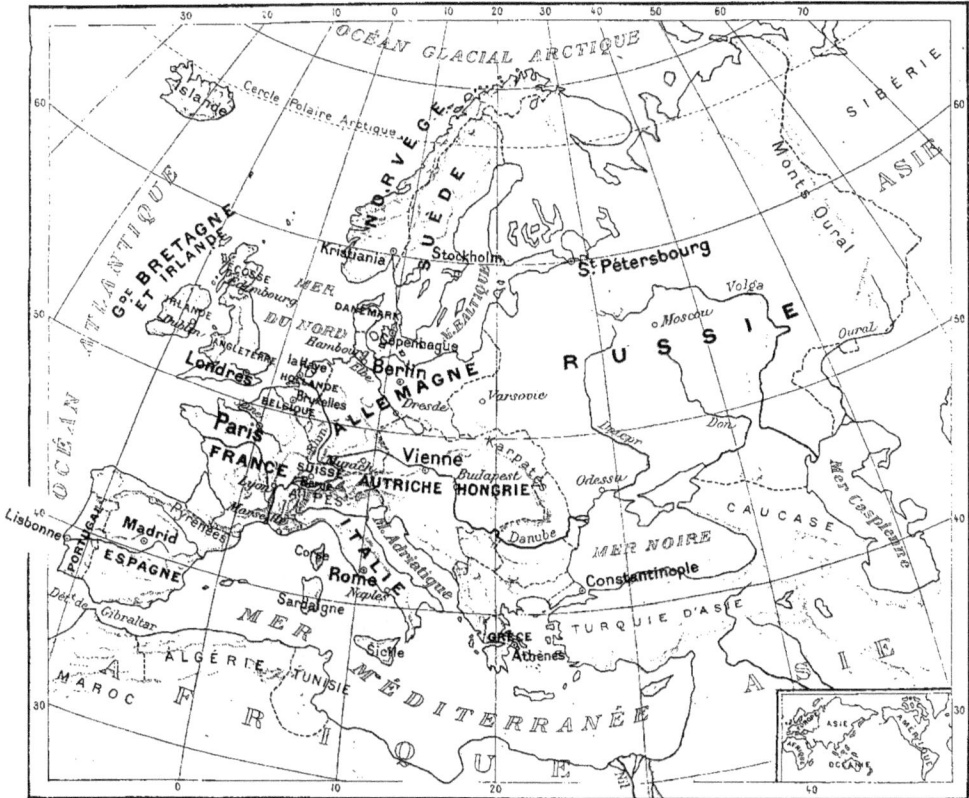

FIG. 71. — L'EUROPE POLITIQUE.

Exercices.

Questionnaire. — 41. Combien l'Europe a-t-elle d'habitants? Combien y trouve-t on d'États? Quels sont les six principaux États européens? — 42. Quelle partie de l'Europe occupe la Russie? Quelles mers la baignent? quels fleuves? Combien a-t-elle d'habitants? Comment nomme t on son souverain? quelle est sa capitale? Quelles sont ses autres principales villes?

43. Où est située l'Allemagne? Sur quelles mers? Quels sont les deux fleuves principaux qui l'arrosent? Combien a-t-elle d'habitants? Quel est le pays d'Allemagne dont le roi est en même temps empereur d'Allemagne? Quelle est sa capitale? Citez trois autres villes importantes. — 44. Où est située l'Autriche-Hongrie? Quel grand fleuve l'arrose? Combien a-t-elle d'habitants? quelle est la capitale de l'Autriche? celle de la Hongrie?

45. Où est situé en Europe le Royaume Uni de Grande-Bretagne et d'Irlande? Combien a t il d'habitants? Quelle est la capitale de l'Angleterre? Citez une ville en Écosse, en Irlande. — 46. Où est située la France en Europe? sur quelles mers? Quelle est sa population?

Quelle est sa capitale? Citez deux autres villes principales. — 47. Qu'est-ce que l'Italie? Quelles grandes îles en dépendent? Combien a-t-elle d'habitants? Quelle est sa capitale? Citez une autre grande ville d'Italie.

48. Quels sont les principaux États secondaires : au sud-est? au sud-ouest? au nord-ouest? au centre? au nord? Quelle est la capitale de la Turquie? de la Grèce? de l'Espagne? du Portugal? de la Belgique? de la Hollande? de la Suisse? de la Suède? de la Norvège? du Danemark?

Devoirs. — Faire la carte de la Russie. — Faire le tableau des six principales puissances de l'Europe, en indiquant leurs populations, leurs capitales, leurs grandes villes.

Exercices d'intelligence. — *Quel est le plus grand État de l'Europe? La France est-elle comparable à la Russie pour l'étendue? Quelle proportion de l'Europe occupe à peu près la Russie? La France et l'Allemagne sont-elles à peu près égales par l'étendue? Combien voyez-vous, sur la carte, ci-dessus, d'États européens qui ne touchent à aucune mer?*

50. Limites. — L'Asie occupe la partie nord-est de l'ancien monde; c'est la plus vaste des cinq parties du monde.

Ses limites sont : au nord, l'*océan Glacial Arctique*; à l'est, l'*océan Pacifique*; au sud, l'*océan Indien*; à l'ouest, la *Méditerranée* et l'*Europe*.

FIG. 74. — GORGES DU YANG-TSÉ KIANG.
Le Yang-tsé-Kiang, qui arrose le Thibet et la Chine, est le plus long fleuve de toute l'Asie; il sort du Thibet par des gorges très profondes.

Les principales terres qui en dépendent sont l'*archipel du Japon* et l'*île Formose*, à l'est; *Ceylan*, au sud.

51. Mers. — L'Asie est baignée par quatre mers principales et plusieurs mers secondaires.

1° **L'océan Glacial Arctique**, au nord.

2° **L'océan Pacifique**, à l'est, baigne l'*archipel du Japon*, *Formose* et la *presqu'île de Malacca*; il forme la *mer du Japon*, la *mer Jaune* et la *mer de Chine*.

3° **L'océan Indien**, au sud, baigne l'île de *Ceylan*, les *presqu'îles de Malacca*, de l'*Inde* et de l'*Arabie*. Il forme le *golfe du Bengale*, la *mer d'Oman* et le *golfe Persique*, enfin la *mer Rouge*, ouverte par le détroit de Bab-el-Mandeb.

4° **La Méditerranée**, à l'ouest, baigne la *presqu'île d'Asie Mineure* et forme la *mer Noire*.

5° L'Asie possède deux mers intérieures, la *mer Caspienne* et la *mer d'Aral*, à l'ouest.

52. Montagnes. — Les principales sont :

L'**Himalaya**, au nord de l'Inde, avec le mont Everest (8800 mètres), point culminant du globe; le *plateau du Thibet* et le *plateau du Pamir*, les *Thian-Chan* ou *monts Célestes*, les *monts Altaï*, au centre;

Le *Caucase*, l'*Hindou-Kouch* et le *plateau de l'Iran*, à l'ouest.

53. Fleuves. — Les principaux sont :

L'*Ob*, le *Iénisséi* et la *Léna*, qui se jettent dans l'océan Glacial;

FIG. 75. — L'HIMALAYA.
L'Himalaya est la chaîne de montagnes la plus élevée de l'Asie et du monde entier; il porte d'immenses glaciers et champs de neige.

L'*Amour*, le *Hoang-Ho* ou *Fleuve Jaune*, le *Yang-tsé-Kiang* ou *Fleuve Bleu*, et le *Mékong*, qui se jettent dans l'océan Pacifique.

Le *Gange*, l'*Indus*, le *Tigre* et l'*Euphrate*, qui se jettent dans l'océan Indien.

54. Lecture : Immensité de l'Asie. — L'Asie est la plus vaste des parties du monde; elle a quatre fois l'étendue de l'Europe. Elle est très massive; ses mers secondaires pénètrent peu dans les terres. Nulle part on n'est plus éloigné de tout océan qu'au centre de l'Asie.

L'Asie possède d'immenses montagnes et d'immenses plateaux. On peut voyager pendant plusieurs semaines sur le plateau du Thibet, sans descendre au-dessous de 4000 mètres, ce qui est presque l'altitude du Mont-Blanc.

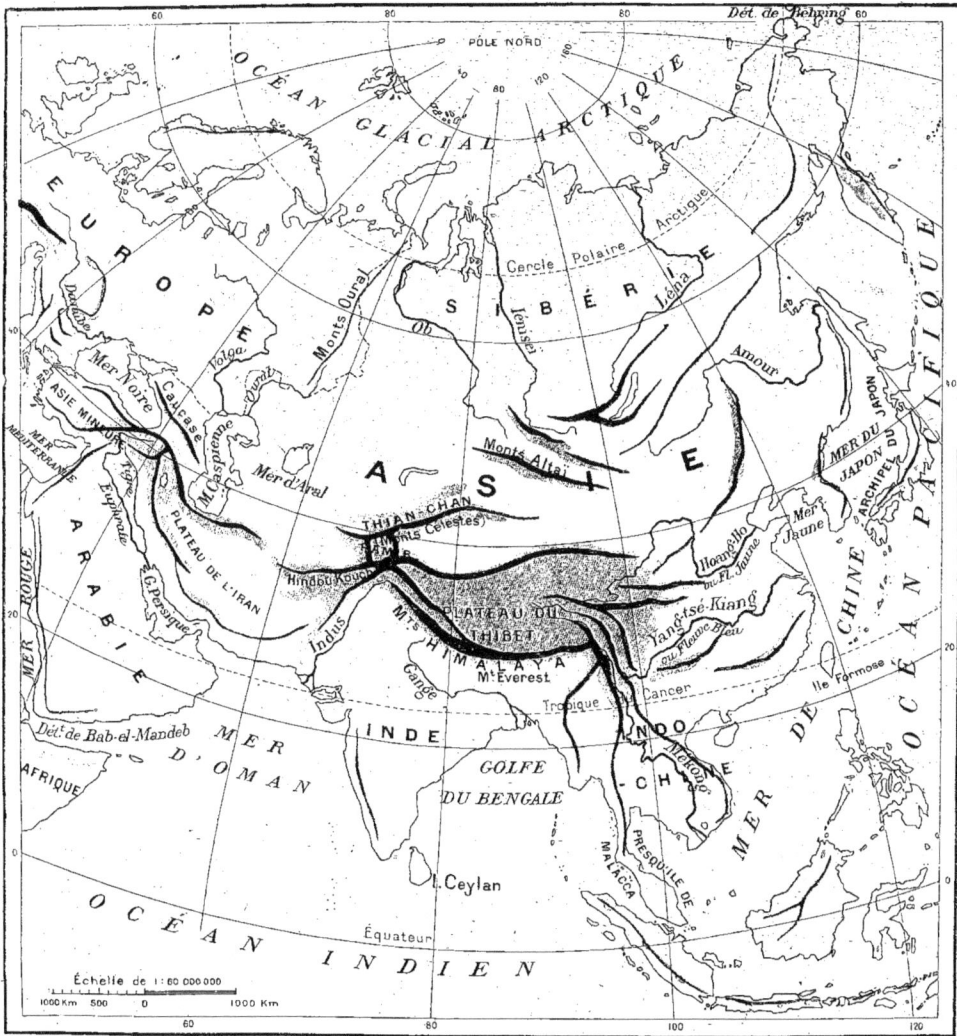

FIG. 74. — L'ASIE PHYSIQUE.

Exercices.

Questionnaire. — 50. Quelle partie de l'ancien monde occupe l'Asie? Quelles sont ses limites? Quelles îles ou archipels en dépendent? — 51. Quelles îles et presqu'îles baigne l'océan Pacifique? Quelles mers forme-t-il? Quelles mers et quels golfes forme l'océan Indien? Quelles sont les mers intérieures de l'Asie? 52. Quelles sont les principales montagnes de l'Asie? ses principaux plateaux? — 53. Quels fleuves se jettent dans l'océan Pacifique? dans l'océan Indien? Dans quel océan se jette l'Amour? l'Ob? le Gange? l'Indus? le Hoang-Ho? le Yang-tsé-Kiang?

55. Population. — L'Asie a 800 millions d'habitants, la moitié de la population du globe.

Ces habitants appartiennent à la race blanche à l'ouest, et à la race jaune à l'est.

56. Partage politique. — Les trois pays les plus importants de l'Asie sont la *Chine*, le *Japon* et l'*Inde*. Les deux premiers sont indépendants; l'Inde appartient aux Anglais.

La majeure partie de l'Asie appartient à quatre peuples européens : 1° la *Russie* possède la Sibérie et le Turkestan, au nord; 2° la *Turquie* possède, à l'ouest, l'Asie mineure et une partie de l'Arabie; 3° l'*Angleterre* possède, au sud, l'Inde et l'ouest de l'Indo-Chine; 5° la *France* possède, au sud-est, l'est de l'Indo-Chine.

57. Chine. — La Chine, à l'est de l'Asie, renferme 400 millions d'habitants, de race jaune.

La capitale de la Chine est *Péking*, non loin de la mer Jaune. Les autres villes principales

FIG. 73. — TEMPLE HINDOU A AMRITSAR.

L'Inde a été civilisée de très bonne heure; de nombreux temples, ornés d'une profusion de sculptures, attestent cette ancienne civilisation.

sont *Han-Kéou*, le port de *Chang-Haï*, et *Canton*.

58. Japon. — Le Japon, à l'est de la Chine, renferme 50 millions d'habitants. C'est aujourd'hui un pays industriel avancé, et il a une armée puissante.

Sa capitale est *Tokio*, sur la côte orientale de la plus grande île. Dans la même île, se trouve la ville industrielle d'*Ohosaka*.

59. Inde. — L'Inde, au sud de l'Asie, renferme 200 millions d'habitants; c'est une colonie anglaise.

La capitale est *Calcutta*, sur le delta du Gange. Les autres grandes villes sont *Bombay* et *Madras*.

60. Autres États ou colonies. — Les autres principaux États ou colonies sont :

1° A l'ouest, la **Turquie d'Asie**, v. pr. *Smyrne* et *la Mecque*, ville sainte des musulmans; la **Perse**, cap. *Téhéran*.

2° Au nord, la **Sibérie**, cap. *Irkoutsk*;

3° Au sud-est, le **royaume de Siam**, cap.

FIG. 76. — PORTE DE PÉKING.

Péking, la capitale de la Chine, est entouré d'une grande enceinte qu'on franchit par un petit nombre de portes. On évalue diversement le nombre de ses habitants de 600000 à 1600000; elle est fort étendue.

FIG. 77. — RUE DE THÉÂTRE A OHOSAKA.

Le Japon est devenu une puissance industrielle importante. La ville d'Ohosaka est le centre de l'industrie cotonnière; elle compte 1 million d'habitants et présente une grande activité.

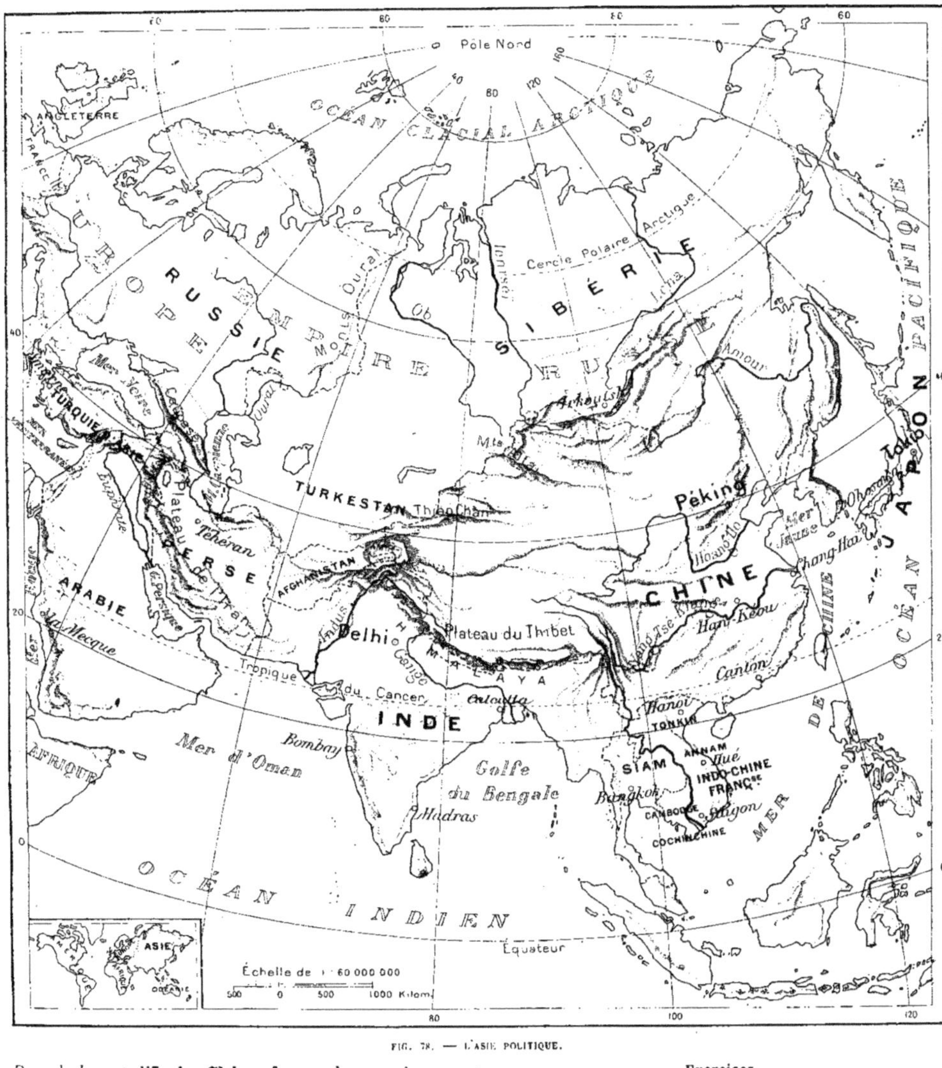

FIG. 78. — L'ASIE POLITIQUE.

Bangkok: et l'**Indo-Chine française**, qui comprend le Tonkin, cap. *Hanoï*, l'Annam, cap. *Hué*, la Cochinchine, cap. *Saïgon*, le Cambodge.

Exercices.

Questionnaire. — 55 Combien l'Asie a-t-elle d'habitants? A quelles races appartiennent-ils? — 56. Quels sont les trois pays les plus importants? Qu'y possède la Russie? la Turquie? l'Angleterre? la France? — 57-60. Que savez-vous de la Chine? du Japon? de l'Inde?

61. Limites. — L'Afrique occupe la partie sud-ouest de l'ancien monde. C'est une presqu'île massive séparée de l'Europe par la Méditer-

FIG. 79. — RAPIDES SUR LE CONGO.

Le Congo n'est pas le fleuve le plus long d'Afrique; il ne vient qu'après le Nil; mais c'est celui qui roule le plus d'eau parce qu'il coule dans la zone équatoriale, celle où il pleut le plus. Il est malheureusement encombré sur plusieurs points par des rapides qui gênent ou même rendent complètement impossible la navigation.

ranée et rattachée seulement à l'Asie par l'isthme de Suez qui est percé d'un canal.

Ses limites sont : au nord, la *Méditerranée*; à l'ouest, l'*océan Atlantique*; à l'est, la *mer Rouge* et l'*océan Indien*.

On lui rattache, au sud-est, la grande île française de *Madagascar*, qui est un peu plus étendue que la France, et qui est séparée de l'Afrique par le *canal de Moçambique*.

62. Mers. — L'Afrique est baignée par trois mers principales :

1° La **Méditerranée**, au nord, depuis l'isthme de Suez jusqu'au détroit de Gibraltar ;

2° L'océan **Atlantique**, à l'ouest, du détroit de Gibraltar au cap de Bonne-Espérance; il baigne les îles *Açores*, *Madère*, *Canaries*, du *Cap Vert*; il forme le *golfe de Guinée*, qui est la principale échancrure du contour de l'Afrique;

3° L'océan **Indien**, à l'est, du détroit de Gibraltar au cap de Guardafui; il entoure l'île de

Madagascar, et forme la *mer Rouge*, dans laquelle on entre au sud par le détroit de Bab-el-Mandeb.

4° L'Afrique possède une petite mer intérieure, le *lac Tchad*, et plusieurs autres lacs, entre autres le *lac Victoria*, d'où sort le Nil.

63. Montagnes. — La plupart des montagnes d'Afrique sont situées, non vers le centre, mais vers le pourtour, près des côtes. Les principales sont :

Les monts *Atlas*, au nord-ouest ;

Les *monts d'Ethiopie*, le mont *Kénia* et le *Kilima-Ndjaro* (5800 mètres), à l'est, ces deux derniers presque sous l'équateur.

64. Fleuves. — L'Afrique possède un assez

FIG. 80. — LE CANAL DE SUEZ.

L'Afrique n'est réunie à l'Asie que par l'isthme de Suez, aujourd'hui percé d'un canal qui unit la mer Méditerranée avec la mer Rouge et l'océan Indien. Ce canal, où passent les bateaux qui vont de l'Europe vers l'Inde, la Chine et le Japon, l'Australie et l'Afrique orientale, est une des voies maritimes les plus fréquentées du globe.

grand nombre de fleuves dont quatre principaux : ils sont presque tous coupés de rapides ou de cataractes qui contrarient la navigation.

Les quatre principaux sont : le **Nil**, qui prend sa source dans des lacs sous l'équateur et se termine dans la Méditerranée : le *Niger*, qui coule au nord-ouest et se jette dans l'océan Atlantique; le **Congo**, qui traverse toute l'Afrique équatoriale et se termine aussi dans l'océan Atlantique; le *Zambèze*, qui se jette dans l'océan Indien.

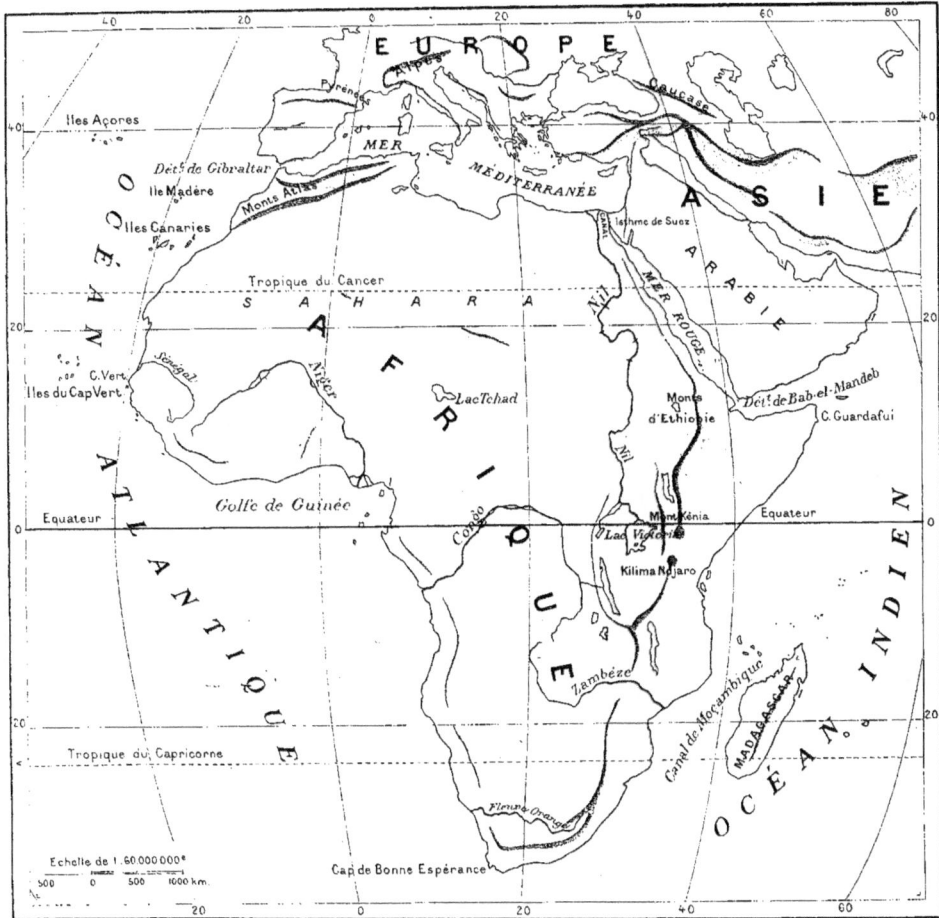

FIG. 11. — L'AFRIQUE PHYSIQUE.

Les fleuves secondaires les plus importants sont le *Sénégal* et le *fleuve Orange*, qui se jettent dans l'océan Atlantique.

Exercices.

Questionnaire. — 61. Quelles sont les limites de l'Afrique? Quelle île rattache-t-on à l'Afrique? — 62. Quelle mer baigne l'Afrique au nord? à l'ouest? Quelles îles d'Afrique baigne l'océan Atlantique? Quel golfe forme-t il? Quelle île entoure l'océan Indien? Quelle mer forme-t il? Citez une mer intérieure en Afrique? — 63. Quelles sont les principales montagnes de l'Afrique? — 64. Quels sont les quatre principaux fleuves de l'Afrique? Connaissez-vous deux autres fleuves secondaires?

Devoirs. — Dessiner l'Afrique; marquer les mers qui la baignent, le golfe de Guinée et l'île de Madagascar; tracer les principales montagnes et les quatre fleuves principaux qui l'arrosent.

Exercices d'intelligence. — *Les contours de l'Afrique sont-ils découpés par de nombreux golfes qui pénètrent avant dans le continent? L'Afrique est-elle aussi découpée que l'Europe, que l'Asie?*

65. Population. — Il n'existe aucun recensement de la population dans les trois quarts de l'étendue de l'Afrique; aussi ne peut-on dire combien d'habitants elle renferme exactement. On lui attribue à peu près une population de 150 ou 160 millions d'habitants.

La majeure partie de ces habitants, du moins au centre et au sud, sont des nègres, à peau noire, aux lèvres épaisses, aux cheveux crépus.

66. Colonies européennes. — Presque toute l'Afrique est gouvernée par les Européens.

le Cap; l'AFRIQUE ORIENTALE ANGLAISE, sur l'océan Indien, près des sources du Nil.

3° L'**Allemagne** possède sur l'océan Indien, l'AFRIQUE ORIENTALE ALLEMANDE, et sur l'océan Atlantique, le SUD-OUEST AFRICAIN ALLEMAND.

4° La **Belgique** possède le CONGO BELGE.

5° La **Turquie** possède, au nord-ouest, l'ÉGYPTE, cap. *Le Caire*, v. pr. Alexandrie; les Anglais occupent l'Égypte et s'y conduisent comme s'ils la possédaient.

6° Le **Portugal** possède l'ANGOLA, sur l'Atlantique, et l'AFRIQUE ORIENTALE PORTUGAISE, sur l'océan

FIG. 82-84. — L'AFRIQUE PRIMITIVE ET L'AFRIQUE CIVILISÉE.
1. CASE NÈGRE DANS LE SOUDAN. — 2. LES BORDS DE LA CASAMANCE, DANS LE SOUDAN. — 3. GRAND BARRAGE D'ASSOUAN, SUR LE NIL.

L'Afrique, dans son état primitif, présente dans ses diverses parties, suivant le climat qui y règne, des déserts, des steppes, des savanes de hautes herbes coupées de bois (comme les bords de la Casamance), de hautes forêts aux arbres entremêlés de lianes. La population indigène est peu civilisée et vit dans des huttes rondes ou carrées, assez grossières, faites de bois et recouvertes de branchages. Les Européens, en prenant possession du sol africain, le transforment par de multiples travaux; ils ont construit déjà des voies ferrées nombreuses; ils aménagent le cours des fleuves; ainsi, les Anglais ont régularisé le débit du Nil, en Égypte, par l'établissement de barrages, dont le plus important est celui d'Assouan.

1° La **France** possède : au nord, l'ALGÉRIE, cap. *Alger*, la TUNISIE, cap. *Tunis*, le MAROC, cap. *Fez*, et le Sahara; — au nord-ouest, l'AFRIQUE OCCIDENTALE FRANÇAISE, avec les villes de *Saint-Louis* et *Dakar*; — à l'ouest, l'AFRIQUE ÉQUATORIALE FRANÇAISE; — au sud-ouest, dans l'océan Indien, MADAGASCAR, cap. *Tananarive*.

2° L'**Angleterre** possède, outre de petits territoires en Guinée : l'AFRIQUE AUSTRALE ANGLAISE (le Cap, l'Orange, le Transvaal), tout au sud, cap.

Indien, en face de Madagascar.

7° L'**Italie** possède la TRIPOLITAINE, cap. *Tripoli*, et l'ÉRYTHRÉE.

67. États indépendants. — Le seul État indépendant important est :

L'**Éthiopie**, à l'est, près de la mer Rouge.

68. LECTURE : **Les Européens en Afrique**. — Les Européens avaient reconnu depuis longtemps le pourtour de l'Afrique, mais c'est seulement au XIXe siècle qu'ils en ont exploré et qu'ils s'en sont partagé l'intérieur. Ils ont commencé par mettre fin aux luttes qui existaient

FIG. 87. — L'AFRIQUE POLITIQUE.

entre les États indigènes, et au commerce des esclaves. Ils ont construit des routes et des voies ferrées qui permettent d'y circuler plus facilement. Avant longtemps, une voie ferrée traversera toute l'Afrique du Nord au Sud, du Caire au Cap. Ils y ont introduit des cultures nouvelles, comme le coton.

Exercices.

Questionnaire. — 65. Quelle est à peu près la population de l'Afrique? A quelle race appartiennent ses habitants? — 66. Quelles colonies possèdent en Afrique la France? l'Angleterre? l'Allemagne? la Turquie? le Portugal? A qui appartient l'Égypte? Quel est le peuple européen qui s'y conduit comme s'il la possédait? Quelle est la capitale de Madagascar? de l'Égypte? de la Tripolitaine? — 67. Quels sont les principaux États indépendants de l'Afrique? Où est située l'Éthiopie? Qu'est-ce que le Congo belge? Lequel de ces États est le plus près de l'Europe? lequel est le plus étendu?

Devoirs. — Dessiner la carte d'Afrique; y marquer les possessions françaises.

69. Étendue; divisions. — L'Amérique est un peu moins étendue que l'Asie. Elle se compose de deux grands triangles dont la pointe est tournée vers le sud :

1° L'**Amérique du Nord**, limitée à l'ouest par l'*océan Pacifique*, au nord par l'*océan Glacial Arctique*, à l'est par l'*océan Atlantique* ;

2° L'**Amérique du Sud**, limitée à l'ouest par l'*océan Pacifique*, au nord et à l'est par la *mer des Antilles* et l'*océan Atlantique*, et terminée au sud par le *cap Horn*.

Plusieurs isthmes, dont l'*isthme de Panama*, et l'archipel des Antilles, relient les deux Amériques entre elles.

70. Mers. — 1° L'océan **Pacifique** baigne l'Amérique, à l'ouest, du détroit de Béring au cap Horn. Il baigne, au nord, l'*île de Vancouver* et la *presqu'île de Californie* ; il forme, à l'est, le *golfe de Californie*.

2° L'océan **Glacial Arcti**que, au nord, presque toujours glacé, entouré des terres à peu près inhabitées, entre autres le *Groenland*, et forme la *baie de Hudson*.

3° L'océan **Atlantique** baigne l'Amérique, à l'est, depuis le Groenland jusqu'au cap Horn. Au nord, il baigne l'*île de Terre-Neuve* ; au centre, il baigne les *Grandes Antilles* et les *Petites Antilles*, et forme le *golfe du Mexique* et la *mer des Antilles* ; au sud, il baigne le cap *San-Roque* et les îles *Malouines* ou *Falkland*. Au sud, l'Amérique est terminée par la *Terre de Feu*, au delà du *détroit de Magellan*.

71. Montagnes. — Les principales montagnes de l'Amérique sont dirigées du nord au sud parallèlement au rivage de l'océan Pacifique. Ce sont :

1° Au nord, les **Montagnes Rocheuses** et la **Sierra Nevada**, qui ont pour point culminant le mont *Mac-Kinley* qui dépasse 6000 mètres, elles renferment beaucoup de volcans en activité ;

2° Au sud, la **Cordillère des Andes**, avec le *Chimborazo* et l'*Acon-*

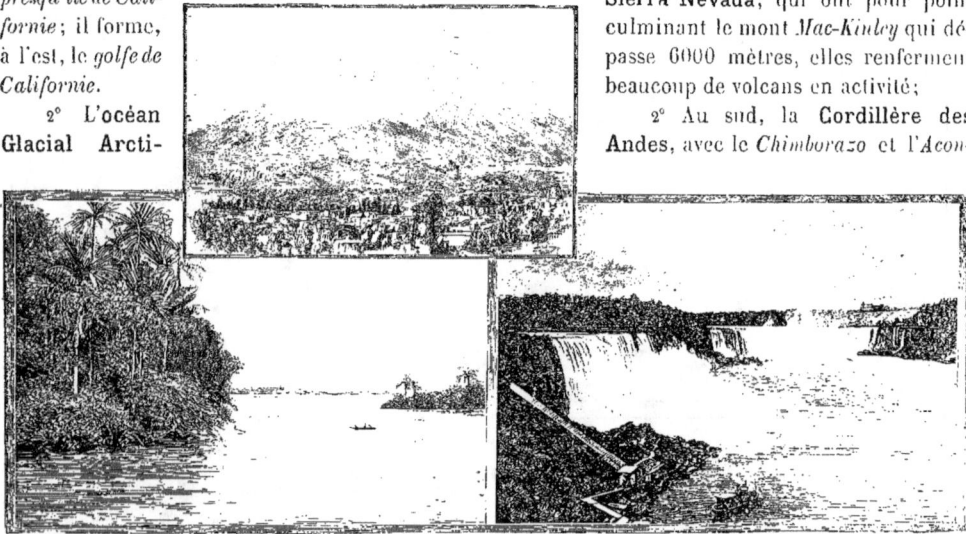

FIG. 80-85. — 1. LE VOLCAN MISTI, DANS LES ANDES (AMÉRIQUE DU SUD). — 2. LES BORDS DE L'AMAZONE (AMÉRIQUE DU SUD). 3. LA CHUTE DU NIAGARA, DANS L'AMÉRIQUE DU NORD.

Les Andes renferment de nombreux volcans encore en activité ; le Misti est un des plus connus. L'Amazone est le fleuve le plus long de l'Amérique et le plus volumineux de la terre entière ; il coule presque sous l'équateur et parallèlement à lui, à travers la forêt vierge du Brésil. La chute du Niagara, sur la rivière qui forme le fleuve Saint-Laurent, a une hauteur de 47 mètres ; elle a la forme d'un fer à cheval.

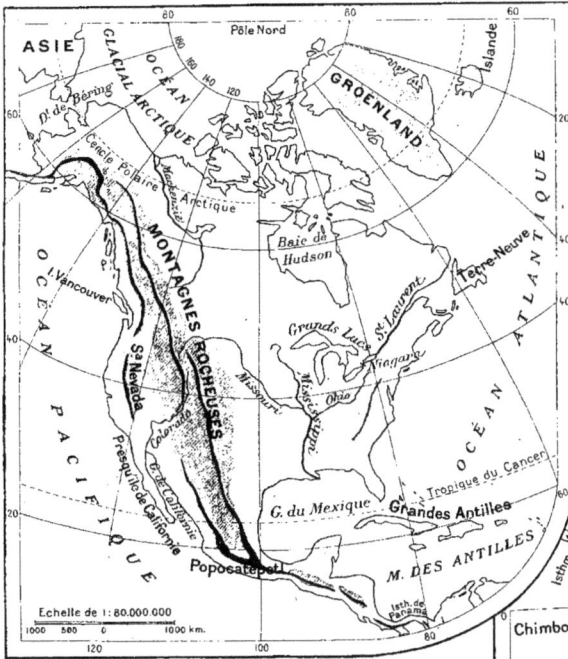

FIG. . — L'AMÉRIQUE DU NORD PHYSIQUE

guay, du *Parana*, de l'*Uruguay*. Tous les grands fleuves de l'Amérique du Sud se jettent dans l'océan Atlantique.

Exercices.

Questionnaire. — 69. Combien de parties comprend le continent américain? Quelles sont les limites de l'Amérique du Nord? de l'Amérique du Sud? Quel cap termine l'Amérique du Sud? Quel isthme relie les deux Amériques? — 70. Quelles sont les îles américaines dans le Pacifique? dans l'océan Atlantique? à l'extrémité sud? — 71. Quelles sont les principales montagnes dans l'Amérique du Nord? dans l'Amérique du Sud? Quel est le point culminant des deux Amériques? — 72. Quels sont les quatre fleuves principaux de l'Amérique du Nord? les trois fleuves principaux de l'Amérique du Sud?

Devoirs. — Dessiner l'Amérique du Nord; y marquer la baie de Hudson, le golfe du Mexique et la mer des Antilles, les grandes montagnes et les principaux fleuves.

FIG. 90. — L'AMÉRIQUE DU SUD PHYSIQUE.

cagua, qui approche de 7000 mètres; les Andes renferment de nombreux volcans, et les tremblements de terre y sont fréquents et violents.

72. Fleuves. — Les principaux fleuves sont :

Au nord, le *Rio Colorado*, qui se jette dans le Pacifique; le *Mackensie*, dans l'océan Glacial; le **Saint-Laurent**, qui sort de plusieurs grands lacs, forme la chute du Niagara, et se jette dans l'océan Atlantique; le **Mississippi**, qui reçoit deux gros affluents, le *Missouri* et l'*Ohio*, et se jette dans le golfe du Mexique.

Au sud, l'*Orénoque*; le *Marañon* ou **Fleuve des Amazones**, grossi du *Rio Negro* et de la *Madeira*; le **Rio de la Plata**, formé par la réunion du *Para-*

73. Population. — L'Amérique renferme 150 millions d'habitants : 110 millions habitent dans l'Amérique du Nord et 40 millions dans l'Amérique du Sud.

Presque tous ces habitants sont d'origine européenne. Les *Anglais* dominent dans la moitié septentrionale de l'Amérique du Nord, les *Espagnols* et les *Portugais* dans le reste de l'Amérique du Nord et dans l'Amérique du Sud. On trouve aussi en Amérique des Français, des Allemands, des Italiens, des Russes.

74. Canada. — Le Canada, ou Puissance du Canada, occupe la partie septentrionale de l'Amérique du Nord. Il appartient à l'Angleterre, mais fut colonisé par la France.

Le Canada a pour capitale *Ottawa*; la principale ville est *Montréal*, sur le fleuve Saint-Laurent.

75. États-Unis. — Les États-Unis occupent le centre de l'Amérique du Nord ; ancienne colonie anglaise, ils forment aujourd'hui une république indépendante de 80 millions d'habitants.

La capitale est *Washington*, à l'est. La ville la plus peuplée et la plus importante est **New-York**, qui a 5 millions et demi d'habitants et vient après Londres pour la population. On peut citer encore : *Philadelphie*, sur la côte orientale ; *Chicago*, *Saint-Louis* et *Nouvelle-Orléans*, dans la plaine centrale et sur le Mississippi ; *San-Francisco*, à l'ouest, sur le Pacifique.

FIG. 91. — LA RIVIÈRE DE NEW-YORK.

New-York est aujourd'hui la ville du monde la plus peuplée après Londres ; elle est coupée en deux parties par une rivière large et profonde, sillonnée de navires, qu'on traverse à l'aide d'un pont assez élevé pour laisser passer les navires de grand tonnage.

Ces villes, pour la plupart vieilles au plus d'un siècle, égalent en richesse les principales capitales de l'Europe. Les États-Unis eux-mêmes sont une des puissances du monde.

76. Mexique. — Le Mexique, au sud des États-Unis, est une ancienne colonie espagnole, aujourd'hui république indépendante.

Il a pour capitale *Mexico*, au pied du Popocatepetl, à plus de 2000 mètres d'altitude.

77. États secondaires de l'Amérique du Nord. — Il existe des États secondaires dans l'Amérique centrale.

1° Dans la région des isthmes, les six républiques de *Guatemala*, de *Salvador*, de *Honduras*, de *Nicaragua*, de *Costa-Rica* et de *Panama* ;

2° La république de *Cuba*, dans les Antilles.

L'Angleterre, outre le Canada, possède l'île de *Terre-Neuve*, à l'embouchure du fleuve Saint-Laurent ; la France possède la *Guadeloupe* et la *Martinique*, dans les An-

FIG. 92. — MAISON GÉANTE A CHICAGO.

La plupart des villes des États-Unis ont eu un accroissement rapide. Elles diffèrent surtout des nôtres par l'énormité de leurs constructions. Les maisons de 12, 15, 18, 20 étages, n'y sont pas rares.

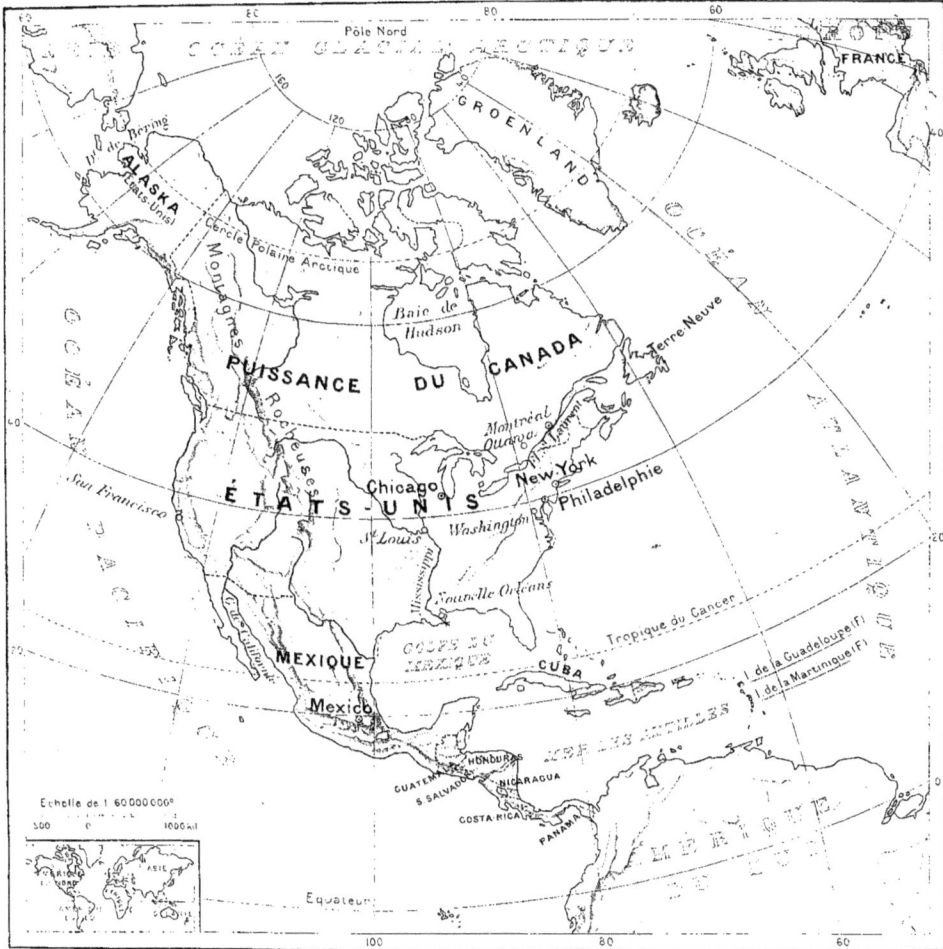

FIG. 95. — L'AMÉRIQUE DU NORD POLITIQUE.

tilles ; les États-Unis possèdent l'*Alaska*, au nord.

Exercices

Questionnaire. — 73. Quelle est la population de l'Amérique du Nord? de l'Amérique du Sud? du continent américain? Quels sont les peuples européens qui le peuplent? — 74. Où est situé le Canada? A qui appartient-il? Quelle est sa capitale? sa principale ville? — 75. Où sont situés les États-Unis? Quelle est leur population? leur capitale? leur principale ville? Citez d'autres villes à l'est, dans la plaine centrale; à l'ouest. — 76 77. Qui a colonisé le Mexique? Quelle est sa capitale? Quelles sont les six républiques de l'Amérique centrale? Quelle est la principale république des Antilles? Que possèdent dans l'Amérique du Nord l'Angleterre? la France? les États-Unis?

78. Principaux États de l'Amérique du Sud.

— L'Amérique du Sud renferme trois États principaux :

1° Le **Brésil**, à l'est, ancienne colonie portu-

FIG. 94. — RIO-DE-JANEIRO.

Rio-de-Janeiro, capitale du Brésil, doit sa fortune à sa situation sur une des baies les plus vastes et les plus sûres du monde. La ville est bien bâtie ; ses maisons sont entourées de jardins nombreux ; la végétation très luxuriante est celle de s pays tropicaux.

gaise, capitale *Rio-de-Janeiro*, sur l'Atlantique.

Le Brésil occupe un peu plus de la moitié de toute l'Amérique du Sud. C'est le pays du monde qui produit la plus grande quantité de café. Le nord, ou bassin de l'Amazone, forme une immense forêt.

2° La **République Argentine**, sur l'océan Atlantique au sud-est, ancienne colonie espagnole, capitale *Buenos-Aires*, sur l'estuaire du Rio de la Plata.

La République Argentine est couverte en partie par une vaste plaine qu'on cultive en céréales.

3° Le **Chili**, sur l'océan Pacifique au sudouest, ancienne colonie espagnole, capitale *Santiago* ; ville principale, *Valparaiso*.

Le Chili forme une bande de territoire très longue, mais très étroite, entre la Cordillère des Andes et le Pacifique.

79. États secondaires de l'Amérique du Sud.

— On peut citer encore :

Au nord et au nord-ouest, le *Venezuela*, la *Colombie* et l'*Équateur* ;

A l'ouest, le *Pérou* et la *Bolivie* ;

Au centre, entre le Brésil et la République Argentine, le *Paraguay* ;

A l'est, sur l'océan Atlantique, au nord du Rio de la Plata, l'*Uruguay*.

Enfin trois États européens, l'Angleterre, la Hollande et la France, se partagent la *Guyane*, au nord-est de l'Amérique du Sud.

80. 1ʳᵉ LECTURE : **Les deux Amériques.** — L'Amérique du Nord est beaucoup plus peuplée et plus civilisée que l'Amérique du Sud.

Cela tient surtout à ce que l'Amérique du Nord est, des deux, la plus voisine de l'Europe d'où sont venus les colons qui peuplent l'Amérique. En émigrant, ces colons ont d'abord occupé les parties de l'Amérique qui étaient en face d'eux. Toutefois les émigrants commencent à se porter maintenant en plus grand nombre vers l'Amérique du Sud, et principalement vers le Brésil et la République Argentine.

FIG. 95. — LA PAMPA.

La pampa de l'Argentine s'étend à perte de vue, souvent sans autre accident que les terriers construits par une espèce de rongeurs assez semblables à nos marmottes. Partout où les pluies sont suffisantes, la pampa peut porter des moissons ; ailleurs, elle n'a point d'arbres, n'a que de maigres touffes d'herbes épaisses que paissent de nombreux troupeaux.

81. 2° LECTURE : **Puissance des États-Unis.** — Les États-Unis représentent aujourd'hui un des principaux pays du globe entier.

Vastes comme les huit dixièmes de l'Europe, ils sont admirablement doués sous le rapport des richesses naturelles. Ils possèdent d'immenses gisements de houille et

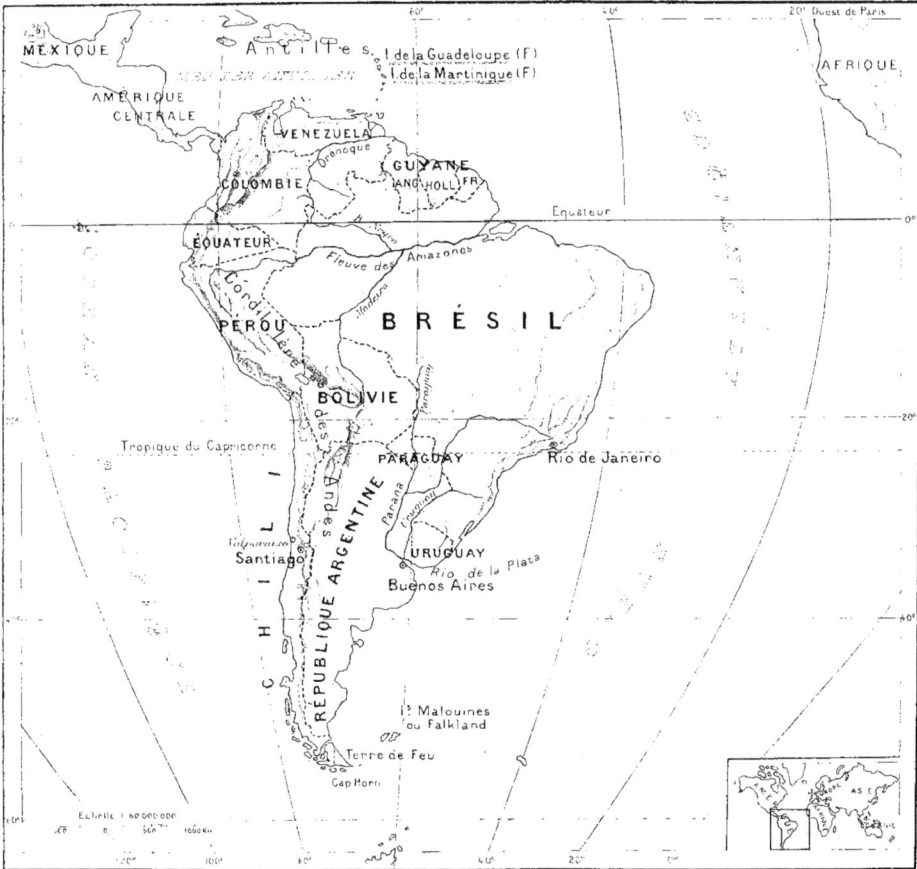

FIG. 96. — L'AMÉRIQUE DU SUD POLITIQUE.

de pétrole : ils sont riches en or, en argent, en cuivre, en fer et en minerais de toute espèce. D'un autre côté, ils produisent d'énormes quantités de blé, ont des troupeaux de bétail considérables, et viennent au premier rang de tous les pays pour la production du coton. En un mot, ils sont à la fois la richesse industrielle et la richesse agricole. De moins en moins tributaires de l'Europe, à qui ils fournissent leur blé, leurs viandes, leur coton, ils lui font partout une rude concurrence.

Exercices.

Questionnaire. — 78. Quels sont les trois États principaux de l'Amérique du Sud ? Où est situé le Brésil ? quelle est sa capitale ? quel est son principal produit ? Où est située la République Argentine ? Quelle est sa capitale ? que produit-elle ? Où est situé le Chili ? quelle est sa capitale ? sa ville principale ? — 79. Quels sont les États secondaires de l'Amérique du Sud ; au nord et au nord-ouest ? à l'ouest ? au centre ? à l'est ? Quels sont les trois pays européens qui se partagent la Guyane ? Dans quelle partie de l'Amérique du Sud est située la Guyane ?

82. Étendue. — L'Océanie comprend toutes les terres que baigne le Grand Océan, ou océan Pacifique, à l'exception de quelques-unes, comme le Japon, qu'on rattache à l'Asie.

83. Principales terres. — Les principales terres de l'Océanie sont :

Au centre, l'*Australie*, la *Tasmanie* et la *Nouvelle-Zélande*;

Au nord-ouest, les *îles de la Sonde* et les *Philippines*.

Au nord, la *Nouvelle-Guinée*, les *Carolines* et les *Mariannes*;

A l'est, la *Nouvelle-Calédonie*, les *îles de la Société*, les *îles Marquises* et les îles *Hawaï* ou *Sandwich*. La plupart des petites îles de l'Océanie sont des récifs circulaires construits par les coraux; on les nomme des *atolls*; d'autres îles sont volcaniques.

FIG. 97. — UN ATOLL OCÉANIEN.

Les atolls sont des récifs, en forme de couronne, qui ont été bâtis par des animaux très petits qu'on nomme les coraux. Au centre se trouve un lac; la végétation des atolls est fort maigre, et leurs ressources sont médiocres. On n'y trouve naturellement qu'un fort petit nombre d'habitants.

84. — Partage. — Toutes les terres de l'Océanie sont occupées aujourd'hui par des peuples européens ou américains.

Ceux qui ont le plus de colonies sont : les *Hollandais*, qui possèdent les îles de la Sonde, dont la principale est l'île volcanique de Java, extrêmement riche par ses cultures et très peuplée : les *Anglais*, qui possèdent l'Australie, la Nouvelle-Zélande et plusieurs archipels de moindre importance.

Parmi les peuples qui possèdent les autres colonies, on peut citer : les *États-Unis*, qui possèdent les îles Philippines et les îles Hawaï ou Sandwich; la *France*, qui a plusieurs petits archipels, notamment la Nouvelle-Calédonie; l'*Allemagne*, qui possède les Carolines, les Mariannes.

FIG. 98. — UNE FORÊT A JAVA.

Java, colonie Hollandaise, est située dans la zone équatoriale; son climat est chaud et humide; aussi a-t-elle des forêts épaisses et les cultures des pays équatoriaux, riz, café, thé, canne à sucre, épices.

Photo Martin, à Auckland

FIG. 99. — LA TONTE DES MOUTONS EN AUSTRALIE.

L'élevage du mouton mérinos, moins pour la viande que pour la laine, constitue la principale richesse de l'Australie, qui est le premier pays du monde pour la production de la laine.

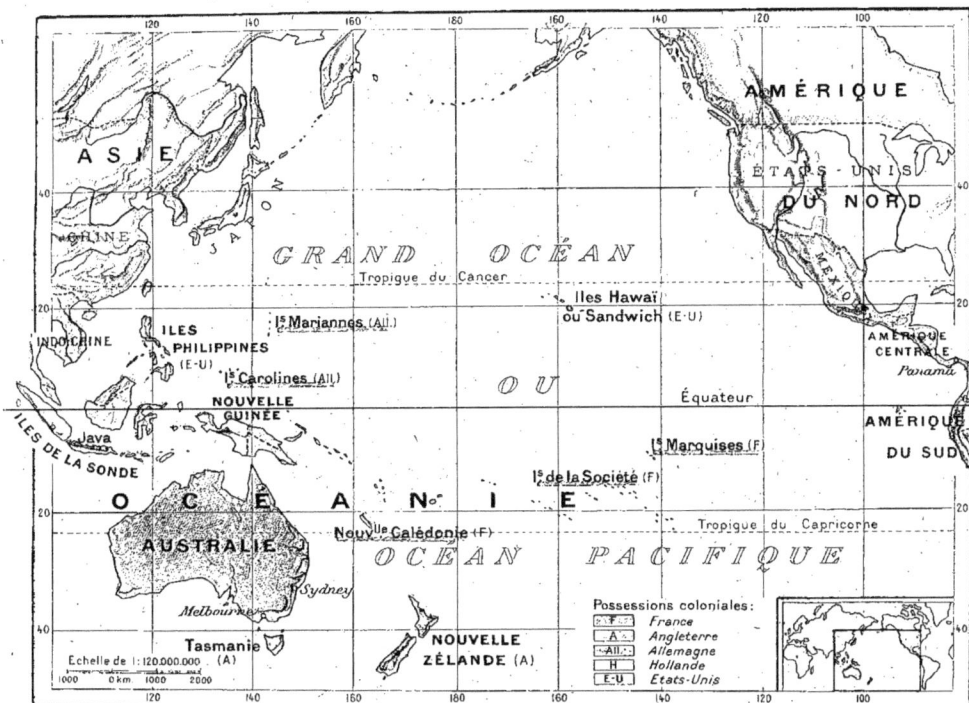

FIG. 100. — L'OCÉANIE.

85. LECTURE : **L'Australie.** — L'Australie est un véritable continent; elle est grande comme les trois quarts de toute l'Europe, mais elle est très faiblement peuplée pour son étendue.

Colonisée seulement depuis la fin du dix-huitième siècle, presque complètement dépourvue d'eau dans l'intérieur, elle est déserte presque partout, sauf vers le sud-est qui est la région la plus fertile. Elle compte 4 millions d'habitants, en majorité d'origine anglaise.

Les deux villes principales de l'Australie sont les deux ports de *Sydney* et de *Melbourne*, au sud-est; elles renferment chacune un demi-million d'habitants, soit à elles deux le quart de tous les habitants de l'Australie.

L'Australie renferme un grand nombre de gisements aurifères, et elle est, avec l'Afrique australe et les États-Unis, l'un des grands pays producteurs d'or. Mais la principale ressource de l'Australie est encore l'élevage, et surtout l'élevage des moutons mérinos : l'Australie est le pays qui produit le plus de laine et les laines les plus fines. Elle a fait depuis quelques années de très grands progrès et tend de plus en plus à se suffire à elle-même.

L'archipel de la Nouvelle-Zélande, au sud-est de l'Australie, est riche aussi par l'élevage.

Exercices.

Questionnaire. — 82. Que comprend l'Océanie? — 83. Quelles sont ses principales terres au centre? à l'ouest? au nord? à l'est? Qu'appelle-t-on atoll? — 84. Quels sont les peuples qui possèdent le plus de terres en Océanie? Que possèdent les Hollandais? les Anglais? les États-Unis? la France? l'Allemagne? Quelle est la principale île appartenant aux Hollandais? — 85. L'Australie est-elle aussi grande que l'Europe? A-t-elle une végétation très riche? Quelle est l'importance de sa population? Quelles sont les deux villes principales de l'Australie? Dans quelle partie sont-elles situées? Quelle est la principale ressource de l'Australie? Où est placée la Nouvelle-Zélande?

Devoirs. — Dessiner la carte de l'Océanie; y marquer l'Australie et la Nouvelle-Zélande, les îles de la Sonde et Java, les Philippines et les îles Hawaï, la Nouvelle-Calédonie, les Carolines et les Mariannes.

Revision des chapitres 7 à 11 (Géographie physique)

REGARDEZ LE PLANISPHÈRE PHYSIQUE DE LA PAGE SUIVANTE :

1. — Quels numéros y désignent l'Europe? l'Asie? l'Afrique? — De ces trois parties du monde laquelle est la plus grande? la plus petite? Laquelle est la plus découpée? la plus massive? — L'Afrique n'est-elle pas presque une île? Par quel point tient-elle à l'Asie? Quelle mer et quel détroit la séparent de l'Europe?

2. — Pourquoi l'Asie et l'Afrique ont-elles des fleuves plus longs que ceux de l'Europe? Dans quel hémisphère est située l'Europe? l'Asie? l'Afrique? — Lequel de ces trois pays a la température la plus élevée en moyenne? Pourquoi fait-il plus chaud en Afrique qu'en Europe?

3. — Quel numéro désigne l'Amérique? De combien de parties se compose l'Amérique? Quelle forme géométrique ont les deux Amériques? — Comment s'appelle l'isthme qui les réunit? Comment s'appelle l'archipel qui les réunit? — Dans quel sens sont orientées les montagnes d'Europe et d'Asie? Dans quel sens sont orientées celles d'Amérique?

4. — *Regardez la ligne de l'équateur.* Quelles parties du monde traverse-t-elle? Comment appelle-t-on la moitié de la terre située au nord de l'équateur? au sud de l'équateur? Dans lequel des deux hémisphères y a-t-il le plus de terres?

ASIE

5. — **Mers** : Quelles sont les mers désignées par le numéro 5? le numéro 6? le numéro 8? le numéro 9? le numéro 10? le numéro 11? le numéro 12? le numéro 13? le numéro 14? le numéro 15?

6. — **Montagnes** : Quel numéro désigne l'Himalaya? le plateau du Thibet? le plateau du Pamir? le plateau de l'Iran?

7. — **Fleuves** : Quels fleuves sont désignés par le numéro 20? le 21? le 22? le 23? le 24? — Quel numéro désigne le Yang-tsé-Kiang? le Mékong? le Gange? l'Indus? — D'où s'écoulent la plupart des grands fleuves de l'Asie? Vers quelle mer coulent le Yang-sé-Kiang, le Hoang-Ho, et le Mékong? Vers quelle mer coulent le Gange et l'Indus?

AFRIQUE

8. — **Mers** : Quel est le détroit 29? la mer 9? l'océan 7? le golfe 30? le cap 31? l'île 32? le détroit 33? le cap 34? la mer 13? le lac 35? la montagne 36? le lac 37?

9. — **Fleuves** : Quel fleuve est désigné par le numéro 38? le numéro 39? le numéro 40? le numéro 41? les numéros 42, 43?

Vers quelle mer coule le Nil? Vers quelle mer coulent le Niger et le Congo? Quel est celui de tous les fleuves africains qui coule le plus dans la région équatoriale? Lequel de ces fleuves roule le plus d'eau?

AMÉRIQUE

10. — **Mers** : Quel numéro désigne l'océan Pacifique?

l'océan Glacial du Nord? l'océan Atlantique? la mer des Antilles? le cap Horn, l'isthme de Panama? le détroit de Béring?

Que désigne le numéro 48? le numéro 49? Quel détroit sépare la Terre de Feu de l'Amérique? Quelle terre désigne le numéro 50?

11. — **Fleuves** : Quel numéro désigne le fleuve Saint-Laurent? le Mississippi? le fleuve des Amazones? le Rio de la Plata?

Quel est le fleuve d'Amérique qui coule le plus près de l'Équateur? Quel est le fleuve d'Afrique qui coule aussi dans la zone équatoriale? Quel est le fleuve le plus volumineux du globe?

OCÉANIE

12. — Quelles terres désigne le numéro 55? le 56? le 57? — Comment nomme-t-on la suite d'îles 58? l'archipel 59? l'île 60? l'archipel 61?

EUROPE

REGARDEZ LA CARTE MUETTE CI-CONTRE REPRÉSENTANT L'EUROPE :

13. — **Mers** : Quelles sont les mers et océans désignés par le numéro 1? par le numéro 2? par le numéro 3? par le numéro 4? par le numéro 5? par le numéro 6? — Quels numéros désignent la Méditerranée? la mer Adriatique? la mer Égée? la mer Noire? la mer d'Azov, la mer Caspienne?

Par quel détroit passe-t-on de l'océan Atlantique dans la Méditerranée? de la Méditerranée dans la mer Noire?

Quelle est la presqu'île 13? le cap 14? l'archipel 15? la presqu'île 16? la presqu'île 17? la presqu'île 18? le cap 19? la presqu'île 20? Quel numéro désigne l'Irlande? la Corse? la Sardaigne? la Sicile? la Crète?

Partez du cap Nord et descendez vers le sud en suivant toujours le rivage jusqu'au détroit de Gibraltar : dites les presqu'îles, mers, caps, îles, que vous rencontrez. — Même exercice en partant du détroit de Gibraltar et en allant vers l'est jusqu'au fond de la mer Noire.

14. — **Montagnes** : Par quelles couleurs sont représentées les montagnes sur la carte ci-contre? les plaines?

Quelles sont les chaînes de montagnes désignées par le numéro 26? le numéro 27? le numéro 28? le numéro 29? le numéro 30? le numéro 31?

Dans quel sens sont orientées les principales montagnes de l'Europe? Quel est le point culminant des Alpes?

15. — **Fleuves** : Quels numéros désignent les fleuves suivants : l'Elbe? le Rhin? la Seine? la Loire? la Garonne? le Tage? l'Ebre? le Rhône? le Pô? le Danube? le Dniéper? — Quel fleuve désigne le numéro 43? le 44? le 45?

Dans quelle partie de l'Europe coulent les fleuves les plus longs? pourquoi?

Partez du fond de la mer Noire, allez vers l'ouest en suivant les côtes jusqu'au fond de la mer Baltique, et dites les noms des fleuves dont vous rencontrez l'embouchure.

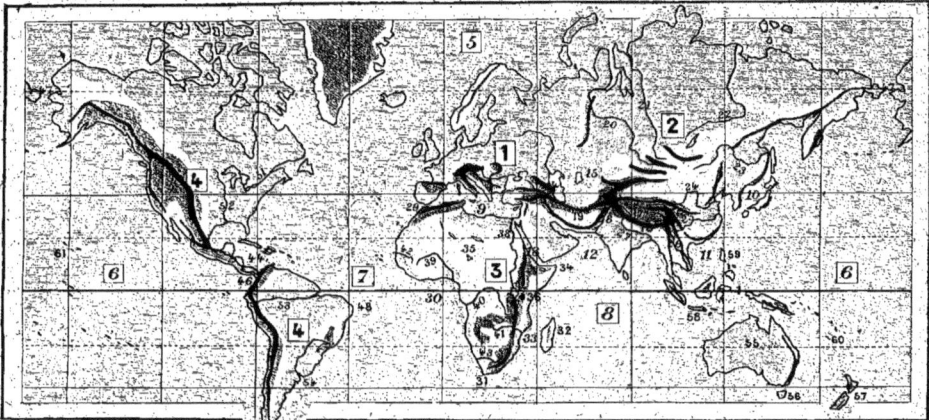

FIG. 101. — PLANISPHÈRE PHYSIQUE MUET.

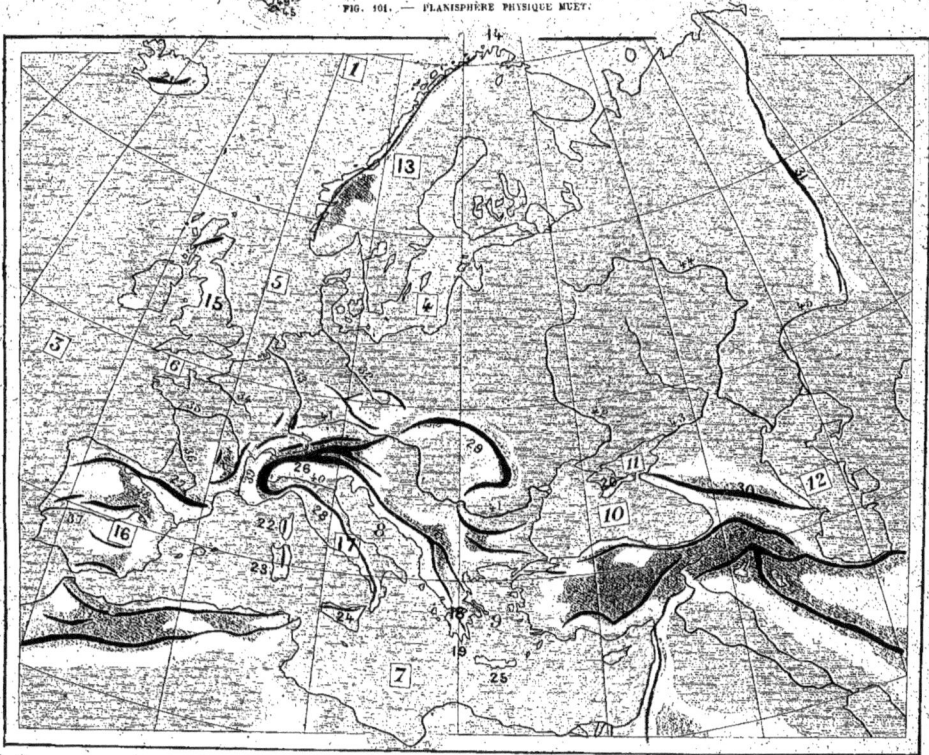

FIG. 102. — EUROPE PHYSIQUE MUETTE.

REGARDEZ LE PLANISPHÈRE POLITIQUE DE LA PAGE 47 :

1. — Quels sont les six États les plus peuplés de l'Europe? Classez-les par ordre d'importance de leur population en indiquant par millions le nombre de leurs habitants.

Quels sont les trois États les plus peuplés de l'Asie? Classez-les de même. — Quel est l'État le plus peuplé de l'Amérique? Combien a-t-il d'habitants?

2. — Dans quelle zone sont situés la Chine? l'Inde? l'Europe occidentale et centrale? les États-Unis? — Quelle est la zone où se trouvent les principaux États du globe? Dans quel hémisphère sont-ils situés?

ASIE

3. — Par quelle couleur sont figurées sur cette carte les possessions russes en Asie? la Chine? le Japon? les possessions anglaises? les possessions françaises? les possessions turques?

4. — **Russie d'Asie** : Les possessions russes sont-elles plus étendues que les possessions anglaises? Sont-elles aussi peuplées? Pourquoi sont-elles presque désertes? Quelle est la ville de Sibérie indiquée par le numéro 1?

5. — **Chine et Japon** : La Chine est-elle très étendue comparée à l'Europe? A quelle race appartiennent les Chinois? Quelle est la capitale de la Chine? Par quel numéro cette capitale est-elle désignée? Quelles villes sont désignées par le numéro 3? le numéro 4? — Comment se nomme la mer qui sépare le Japon de la Chine? Combien le Japon a-t-il d'habitants? Quelle est sa capitale? Quel est le numéro qui la désigne?

6. — **Asie méridionale** : Quelles mers baignent l'Inde? Quelle est la population de l'Inde? Quelle est la capitale de l'Inde? Quel numéro la désigne? Quelle ville indique le numéro 7? le numéro 8? — Quelle ville de la Turquie d'Asie désigne le numéro 9? le numéro 10? Quel royaume désigne le numéro 11? — Quelles villes de l'Indo-Chine française désignent les numéros 12 et 13?

AFRIQUE

7. — Par quelles couleurs sont désignées les possessions françaises en Afrique? les possessions anglaises? — Dans quelle partie de l'Afrique sont situées surtout les possessions françaises? les possessions anglaises?

8. — **Possessions françaises** : Quel numéro désigne l'Algérie-Tunisie? l'Afrique équatoriale française? le Congo belge? Quelle est la grande île, possession française, indiquée par le numéro 22? — Quel est le pays voisin de l'Algérie-Tunisie désigné par le numéro 23? Quel est, au centre de l'Afrique, le pays indiqué par le numéro 17?

9. — Près de la mer Rouge se trouve le numéro 18 : quel pays désigne-t-il? Quel pays désigne plus au nord le numéro 19? Quel autre pays sur la Méditerranée désigne le numéro 20? — Tout au sud de l'Afrique est le numéro 21 : à qui est le pays qu'il désigne? comment s'appelle ce pays?

AMÉRIQUE

10. — **Amérique du Nord** : Par quelle couleur sont désignés le Canada? les États-Unis? le Mexique?

Comparez les États-Unis à l'Europe : sont-ils beaucoup plus petits? — Au nord-ouest de l'Amérique est une possession des États-Unis désignée par le numéro 35 : comment s'appelle-t-elle? Comment s'appelle l'île 34 à l'est du Canada?

Quelles villes désignent : dans le Canada, les numéros 24 et 25? dans les États-Unis, les numéros 26, 27, 28, 29, 30, 31? — Quelle est la capitale du Mexique? Quel numéro la désigne? Quelle est la république des Antilles désignée par le numéro 33?

11. — **Amérique du Sud** : Par quelle couleur sont désignés le Brésil? la République Argentine? le Chili?

Le Brésil occupe-t-il une grande partie de l'Amérique du Sud? Quel fleuve arrose le Brésil au nord? Quel est le principal produit du Brésil? — Quelles villes désignent : dans le Brésil, le numéro 36? dans l'Argentine, le numéro 37? dans le Chili, les numéros 38 et 39?

Quels États désignent les numéros 40, 41 et 42 au nord et au nord-ouest de l'Amérique du Sud? à l'ouest, les numéros 43 et 44? au centre, le numéro 45? à l'est, le numéro 46?

OCÉANIE

12. — Quelle terre désigne le numéro 47? Comparez l'Australie à l'Europe : quelle est à peu près son étendue relativement à celle de l'Europe? Quels numéros désignent la ville de Sydney et la ville de Melbourne?

Quelle est la terre française désignée par le numéro 50?

EUROPE

REGARDEZ LA CARTE MUETTE DU HAUT DE LA PAGE 47 :

13. — L'Europe est-elle aussi grande que l'Asie? que l'Afrique? que l'Amérique? Est-elle plus ou moins découpée que l'Asie? que l'Afrique?

14. — **Russie** : Quelle couleur désigne la Russie? Quelle portion de l'Europe occupe la Russie? Quels fleuves l'arrosent? Quelles mers la baignent? La Russie est-elle formée de plaines ou de montagnes? — La Russie étant formée de plaines, les fleuves qui l'arrosent sont-ils lents ou rapides? — Quelles villes désigne le numéro 1? le numéro 2?

15. — **Allemagne et Autriche** : Quelle couleur désigne l'Allemagne? l'Autriche-Hongrie? — Quel numéro désigne la capitale de l'Allemagne? Comment s'appelle cette capitale? Quelle ville désigne le numéro 5? — Comment s'appelle la capitale de l'Autriche? Quel numéro la désigne? Sur quel fleuve est-elle située?

16. — **Italie, Angleterre, France** : Quelle couleur désigne l'Italie? Quelles villes désignent en Italie, les numéros 7 et 8? Quelles sont les îles dépendant de l'Italie? — Par quelle couleur est figuré le Royaume-Uni de Grande-Bretagne et d'Irlande? Par quelle couleur est figurée la France? La France est-elle aussi étendue que la Russie? que l'Allemagne? — Quelles villes désignent dans le Royaume-Uni les numéros 9, 10, 11? en France les numéros 12, 13, 14? Londres est-il sur la mer ou près de la mer? Paris est-il près de la mer?

17. — **États secondaires** : Quels pays désignent : au sud-ouest de l'Europe, le numéro 15? au sud-est, le numéro 16? au nord, les numéros 17, 18? au centre, le numéro 19? Quelle est la ville 20 située sur le Bosphore?

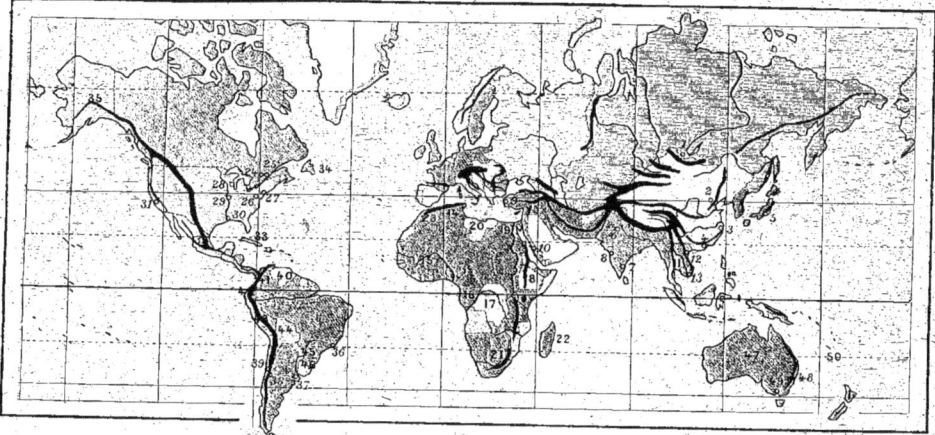

FIG. 103. — PLANISPHÈRE POLITIQUE MUET.

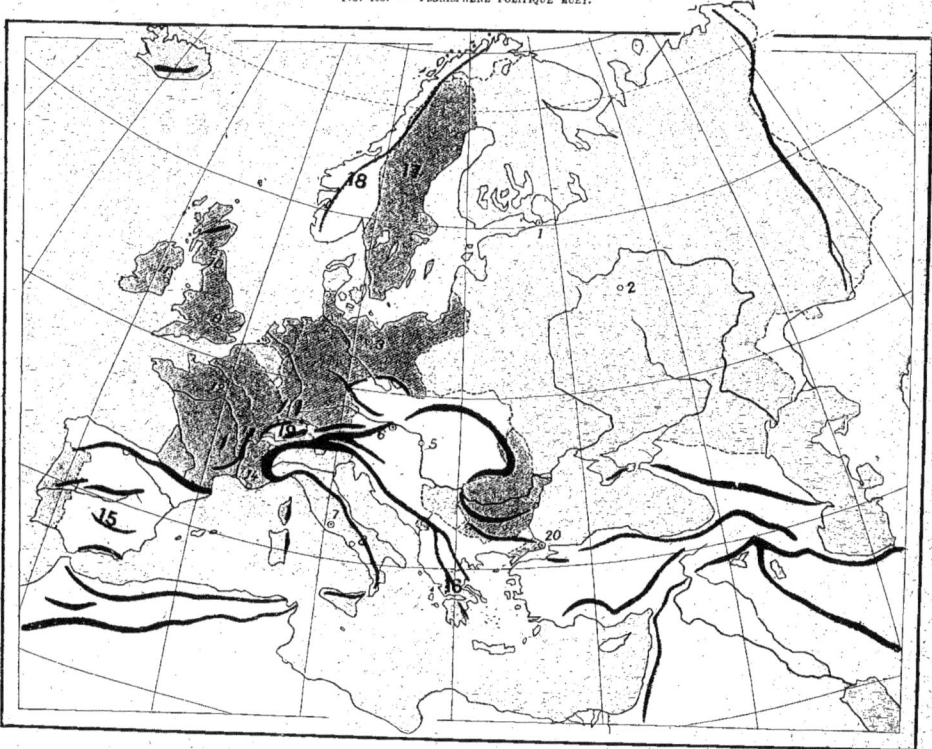

FIG. 104. — EUROPE POLITIQUE MUETTE.

TABLE DES MATIÈRES

LISTE DES CARTES

Les cartes en couleurs sont en caractère gras

LISTE DES ILLUSTRATIONS

MON JOURNAL

RECUEIL HEBDOMADAIRE POUR ENFANTS DE 8 A 12 ANS

MON JOURNAL est le Magazine préféré des Enfants. Magnifiquement illustrés en couleurs, ses romans sont les plus amusants, les plus mouvementés, les plus attachants qui se puissent lire. Les garçons aussi bien que les filles trouvent dans cette publication tout ce qu'ils peuvent désirer. En effet :

MON JOURNAL

Publie chaque semaine

POUR LES GARÇONS	POUR LES FILLES
—	—
Jeux et Jouets	Modes de poupées
Découpages	Travaux à l'aiguille
Prestidigitation	Broderies
Actualités	Petites Recettes
Comédies	Musique
Romans	Romans
Nouvelles	Nouvelles
Grands Concours	Grands Concours

Les petits naufragés
du *Titanic*.

LE NUMÉRO : **15** CENTIMES

ABONNEMENTS :

FRANCE		UNION POSTALE	
Un an	8 fr. »	Un an	10 fr. »
Six mois	4 fr. 50	Six mois	5 fr. 50

L'Année forme un beau volume illustré en couleurs de 800 pages

Broché . . . . **8** fr. — *Relié* . . . . **10** fr.

Envoi franco d'un numéro spécimen sur demande.

79975. — Imprimerie LAHURE, 9, rue de Fleurus, Paris. — 7-1917-3300

Librairie HACHETTE et C⁰, boulevard Saint-Germain, n° 79, Paris

OUVRAGES NOUVEAUX

RÉDIGÉS CONFORMÉMENT AUX PROGRAMMES OFFICIELS DE L'ENSEIGNEMENT SECONDAIRE

CLASSES PRÉPARATOIRES ET ÉLÉMENTAIRES

LANGUE FRANÇAISE

Ch. MAQUET	L. FLOT	V. BOUILLOT
Professeur au lycée Condorcet	Professeur au lycée Charlemagne	Professeur au lycée Hoche à Versailles

Cours de Langue Française

AVEC EXERCICES

RÉDIGÉ CONFORMÉMENT AUX PROGRAMMES OFFICIELS
DE L'ENSEIGNEMENT SECONDAIRE
Format grand in-16 cartonné

1ᵉʳ Degré Cours préparatoire (Classes de 10ᵉ et de 9ᵉ) Un v. 1 50
2ᵉ Degré Cours élémentaire (Classes de 8ᵉ et de 7ᵉ) Un v. 1 50

Morceaux Choisis

A L'USAGE DES CLASSES ÉLÉMENTAIRES
AVEC CONSEILS SUR LA DICTION ET LA PRONONCIATION, EXPLICATIONS
QUESTIONS ET EXERCICES
PRÉPARÉS EN VUE DE L'ENSEIGNEMENT MÉTHODIQUE DU FRANÇAIS PAR LES TEXTES
Quatre volumes in-16, avec gravures, cartonnés

Classe préparatoire, 1ᵉʳ degré (10ᵉ) Un vol. 90 c.
Classe préparatoire (9ᵉ) Un vol. 1 fr.
Classe de Huitième. Un vol. 1 50
Classe de Septième. Un vol. 1 50

HISTOIRE DE FRANCE

G. PAGÈS
Inspecteur général de l'Instruction publique

Petite Histoire de France

INTRODUCTION A L'ÉTUDE DE L'HISTOIRE

Classes préparatoires (Classes de 10ᵉ et de 9ᵉ) avec des gravures, des cartes et un vocabulaire historique Un vol. grand in-16, cart. 1 fr.

Histoire sommaire de la France
des origines à 1871

RÉDIGÉE CONFORMÉMENT AUX PROGRAMMES OFFICIELS
AVEC DES GRAVURES ET DES CARTES

Classe de Huitième. Des origines à 1610. Un vol. in-16. 1 50
Classe de Septième. De 1610 à 1871. Un vol. in-16. 2 fr.
Le même ouvrage. Classes de 8ᵉ et 7ᵉ réunies en un vol. in-16, cartonné. 3 fr.

GÉOGRAPHIE

F. SCHRADER	L. GALLOUÉDEC
Directeur des Travaux cartographiques de la Librairie Hachette et Cⁱᵉ	Inspecteur général de l'Instruction publique

Texte-Atlas de Géographie

RÉDIGÉ CONFORMÉMENT AUX PROGRAMMES OFFICIELS A L'USAGE DES CLASSES ÉLÉMENTAIRES

Classe de Huitième. Notions élémentaires de géographie générale. Un vol. in-4° avec 19 cartes en couleurs et 100 gravures en noir, cartonné 1 50

Classe de Septième. Géographie élémentaire de la France et de ses colonies. Un vol. in-4° avec 18 cartes en couleurs et 155 gravures ou cartes en noir, cartonné 2 50

ARITHMÉTIQUE

C. BOURLET
Ancien Professeur au Conservatoire national des Arts et Métiers

Petit Cours d'Arithmétique

A L'USAGE DES CLASSES PRÉPARATOIRES ET ÉLÉMENTAIRES AVEC 3000 EXERCICES ET PROBLÈMES, CONTENANT LES DÉFINITIONS
ET ABRÉVIATIONS OFFICIELLES DU SYSTÈME MÉTRIQUE

Un volume in-16 cartonné 2 fr.

On vend séparément :

Classes préparatoires. Nouv. éd. refond. Un vol. in-16 cart. 75 c. | Classes élémentaires. Un vol. in-16 cartonné 1 fr. 50
Corrigé des Exercices et Problèmes du Petit Cours d'Arithmétique par M. Goudœur. Un vol. in-16 cart. 3 fr. 50

79.975. — Imprimerie Lahure, 9, rue de Fleurus, à Paris. — 7-1917. 3.800